Abgeschleppt

Hannes Heine

Abgeschleppt

33 Männer erzählen von charmanten Aufrissen, spektakulären Eroberungen und meisterhaften Verführungen

Schwarzkopf & Schwarzkopf

Vorwort
SEITE 8

1. GESCHICHTE
Nicht mit nach Hause
SEITE 11

2. GESCHICHTE
Kommen, sehen, kommen
SEITE 17

3. GESCHICHTE
Rock 'n' Rock
SEITE 23

4. GESCHICHTE
Eine geht noch
SEITE 29

5. GESCHICHTE
Am richtigen Platz
SEITE 35

6. GESCHICHTE
Die richtige Wahl
SEITE 41

7. GESCHICHTE
Die Freundin von
SEITE 47

8. GESCHICHTE
Keine Massage
SEITE 53

9. GESCHICHTE
Das volle Programm
SEITE 61

10. GESCHICHTE
Love is in the Air
SEITE 69

11. GESCHICHTE
*Die besten Gäste
kommen zum Schluss*
SEITE 77

12. GESCHICHTE
Friedensengel
SEITE 83

13. GESCHICHTE
Amerikanische Mundart
SEITE 89

14. GESCHICHTE
*Eine Liebeserklärung
machen*
SEITE 95

15. GESCHICHTE
Mut gezogen
SEITE 101

16. GESCHICHTE
Der Schlachtplan
SEITE 107

17. GESCHICHTE
Feuchte Gegend
SEITE 115

18. GESCHICHTE
Hat Darwin recht?
SEITE 121

19. GESCHICHTE
Zu früh geheiratet
SEITE 127

20. GESCHICHTE
Die Prüfung
SEITE 131

21. GESCHICHTE
Public Fucking
SEITE 137

22. GESCHICHTE
Gratisnummer
SEITE 145

23. GESCHICHTE
Und es hat Klick gemacht
SEITE 151

24. GESCHICHTE
Eine Frage des Namens
SEITE 157

25. GESCHICHTE
Läuft
SEITE 163

26. GESCHICHTE
*Morgenstund
hat Gold im Mund*
SEITE 169

27. GESCHICHTE
*Liebe geht durch
den Magen*
SEITE 175

28. GESCHICHTE
Doggy Style
SEITE 181

29. GESCHICHTE
On the Gaydar
SEITE 187

30. GESCHICHTE
Geblendet
SEITE 193

31. GESCHICHTE
*Super ist, wer selbst
dran glaubt*
SEITE 199

32. GESCHICHTE
Londoner Lehren
SEITE 203

33. GESCHICHTE
Freigang
SEITE 209

Vorwort

Hätte er sich mit den 33 Männern aus diesem Buch zehn Jahre früher unterhalten, wäre dem Autor im Zwischenmenschlichen einiges leichter gefallen. Er hätte dann schon als sehr junger Mann gewusst, dass man Frauen in der Regel nicht durch Herumstehen für sich gewinnt. Und wenn man wie er mit Komplimenten geizt, nicht tanzen kann und auch sonst nicht sonderlich viel zu bieten hat, darf man wenigstens den richtigen Moment nicht ungenutzt verstreichen lassen. So wie die Männer in diesem Buch.

Einige haben gar nicht auf den richtigen Moment warten müssen, sie haben ihn zielstrebig und komplikationslos herbeigeführt. Das hat mal mit erstaunlicher Ehrlichkeit und mal mit betörendem Blendwerk geklappt. Allerdings scheint es ohne ein Mindestmaß an Korruption oft nicht zu gehen. Männer spielen sich auf, eine Notlüge jagt die andere. Den erwünschten Effekt einer scheinbar beiläufigen Bemerkung haben sie stundenlang im Voraus berechnet – und Frauen belohnen das Geflunker auch noch. Aber nach 10.000 Jahren Männerherrschaft gehört männliches Gegockel offenbar dazu.

Apropos Patriarchat: Dieses Buch ist vorab von einer Radikalfeministin, zwei Mitbewohnerinnen und drei Kolleginnen gelesen worden – ihnen zufolge sind die 33 Geschichten über jeden Patriarchatsverdacht erhaben. Sie bilden ab, was Männer denken und tun, um eine Frau zu beeindrucken. Dass nicht jeder der 33 eine Sympathiebombe ist, bleibt bei einer unvoreingenommenen Auswahl nicht aus. Dennoch fand der Autor die Gespräche mit den 33 Eroberern lehrreich und amüsant.

Dieses Buch enthält keine Handlungsanleitungen, es gibt Erfahrungen weiter. Diese Erfahrungen haben ganz normale Männer gemacht. Zugegeben, einige sehen ein bisschen besser aus als die Masse der Männer, die man morgens in der Bahn trifft. Aber die meisten sind Durchschnitt. Studenten, Lebenskünstler, Mechaniker, Juristen, Ehemänner, auch ein Abgeordneter ist dabei.

Sollten sich einige Frauen in diesem Buch wiedererkennen, möge das ein Grund zur Selbstzufriedenheit sein: Sie haben jemandem viel Freude bereitet.

Berlin, im Februar 2011

Hannes Heine

> *»Man is not the enemy here,
> but the fellow victim.«*
>
> **Betty Friedan**

1. GESCHICHTE

Nicht mit nach Hause

*Lukas (29), Bundestagsmitarbeiter, Berlin,
über
Sandra (27), Optikerin, Berlin*

Als wir uns küssen, ist das kein Wunder. Zeit und Ort sprechen dafür. Wir stehen an einem Donnerstagabend am Tresen eines Ladens, der jede Woche an diesem Tag zum inoffiziellen Abschlepplokal der Innenstadt wird. Zum Aufreißen bin ich eigentlich zu zynisch, charmantes Verführen liegt mir nicht. Aber in der »Ankerklause« gibt es Frauen, die damit umgehen können, meine ignorante Art reizt sie. Ich habe sowieso den Eindruck, dass in der »Ankerklause« seit ein, zwei Jahren zu viele nette Männer mit Bauchansatz ihr Glück versuchen. Meine schlanke Figur und mein sarkastisches Wesen scheinen da willkommene Abwechselung zu sein. Ich küsse eine Frau namens Sandra. Eigentlich küsst Sandra mich. Sie ist vor ein paar Minuten mit einer Freundin in die »Ankerklause« gekommen.

Beide lassen routiniert ihren Blick schweifen, offenbar wissen sie, wozu sie hier sind, wie gesagt, noch dazu an einem Donnerstagabend. Ich bin leicht angetrunken, gerade im richtigen Maß enthemmt. Ein Vollrausch wäre schlecht, das weiß ich aus Erfahrung. Irgendwann leidet bei Männern eine bestimmte Körperfunktion und ich meine nicht das Kniegelenk. Sandra scannt mit einer halbkreisförmigen Kopfbewegung die Umgebung, ihr Blick dreht sich zu mir.

Große Augen, ein kleines Piercing zwischen Kinn und Lippe, um den Hals einen moosgrünen Schal. Sie sieht gut aus, soweit ich das in Sekundenbruchteilen beurteilen kann. Ich gebe mir einen Ruck und frage: »Ihr wollt doch nicht wieder gehen?«, ich zeige auf den Schal, den sie noch umhat. »Noch nicht«, sagt sie, »aber gleich.« Sie und ihre Freundin wollen noch in einen Laden mit dem Charme eines Kellers für Hundekämpfe, in dem mein Freund Tom neulich eine Frau kennengelernt hat. »Im Ernst? Da wollte ich auch hin.« Was man eben sagt, um am Ball zu bleiben. »Echt? Dann sehen wir uns dort.«

Wer sexuell erfolgreich sein will, muss den Punkt erkennen, an dem es darum geht, nichts der Frau zuliebe zu tun, sondern zu warten und seinen eigenen Wert zu demonstrieren. Um ganz sicherzugehen, dass die beiden meine Gesellschaft wirklich zu schätzen wissen, gehe ich einen Schritt zurück.

»Das kann ich nicht machen, dann denkt ihr, ich würde euch hinterherlaufen.«

Die beiden machen große Augen. »Quatsch«, sagt Sandra.

»Das sagst du nur aus Höflichkeit.«

»Nein, wie kommst du darauf?« Sie fühlt sich missverstanden.

»Ich weiß nicht, eigentlich finde ich dich ganz passabel.«

Sie lacht. »Passabel? Mehr nicht?«

Noch ein bisschen Unnahbarkeit, dann schnappt sie zu: »Passabel muss reichen, wir kennen uns doch gar nicht. Vielleicht traue ich mich auch deshalb nicht, mit euch weiterzufahren.«

So einen charmanten Blödsinn hat sie noch nie gehört. Sie wird angriffslustig: »Nun hab dich nicht so.«

»Wieso ich?« Ich hole zum finalen Schlag aus: »Am Ende würdest doch du dich zieren!«

»Ich?«, fragt sie beleidigt. »Sehe ich wie eine Klosterschülerin aus?« Mit beiden Händen greift sie meinen Kopf, der Kuss ist zügellos. Geschafft. Und persönlicher Rekord: zwei Minuten ab Blickkontakt. Der Abend verspricht, gut zu werden.

Um uns nicht lächerlich zu machen, verlassen wir die »Ankerklause« tatsächlich und halten ein Taxi an. Ich zahle, es wird die einzige Ausgabe sein, die ich in dieser Nacht tätige. Den Eintritt übernimmt Sandra, Getränke sind nicht nötig. Drinnen ist es dunkel, laut, alles schwitzt, auch die Wände scheinen zu tropfen. Wir lümmeln uns auf eine zerfledderte Couch, von der ich nicht wissen möchte, was in ihr schon versickert ist: Schnaps und Bier sowieso, Schweiß sicher, Blut vielleicht. Sandras Freundin geht tanzen. Gut so.

In der Dunkelheit küssen Sandra und ich uns ausgiebig, meine Hand geht unter ihr T-Shirt. Sie hat schöne Brüste – und ich eine Erektion. Nach fünf Minuten sind wir beide so erregt, dass sich nur noch die Frage stellt, zu wem wir fahren. Unvorsichtigerweise lasse ich meine Finger zwischen ihre Beine gleiten. Nun will sie nicht mehr mitkommen, zumindest nicht mit zu mir. Sandra will sofort auf die Toilette.

Wer den Laden kennt, weiß, wie dort die Toiletten aussehen. Sie sind ungefähr so sauber wie die Verrichtungsörtlichkeiten auf Autobahnraststätten. Keine Nacht, ohne dass sich jemand übergibt. Sandra stört das nicht. Sie zieht mich in die erste Kabine, ich muss darauf achten, die Tür zu schließen. Während sie mich küsst, fummelt sie an meiner Hose rum, der Gürtel ist schnell geöffnet. Direkt nebenan gibt eine Frau mit heller Stimme eindringliche Ratschläge an ihre Freundin: »Steck dir einen Finger in den Hals, dann kommt wenigstens alles raus!« Offenbar hat sich jemand im Vollrausch in die Nachbarkabine geflüchtet. Ich höre jemanden röcheln, kotzen, seufzen.

Sandra hört das nicht. In ihren Augen pure Gier. »Na dann mal los«, sagt sie und dreht sich um. Mit den Händen stützt sie sich auf dem Spülkasten ab. Er sieht angekokelt und klebrig aus, müsste ich mich darauf abstützen, hätte ich nichts gegen Handschuhe einzuwenden. Weniger vorsichtig bin ich im Umgang mit lebender Materie. Ich schlage alle Warnungen in den schwülen Wind des

Nachtclubs, all das Wissen über HIV, Tripper und Hepatitis nützt mir im realen Leben, also in diesem kondomfreien Moment, gar nichts. Ich kenne niemanden, der das Ganze auf dieser Toilette abgebrochen hätte. Geilheit schlägt Gesundheitsvorsorge. Sandra wird laut, sie stöhnt. Es interessiert sie nicht, dass die zwei Mädchen wenige Zentimeter neben uns gerade wieder nüchtern werden.

Und schon geht los, was unvermeidbar war. »Hey Clara, hör mal, ich glaube, da ficken welche!«, jauchzt eine der beiden. Hoffentlich halten die ihre Handykameras nicht über die Trennwand. »Krass, da stöhnt eine!«, freut sich die andere – offenbar Clara – über die lauten Lustbekundungen meiner neuen Bekanntschaft. Sandra bekommt das nicht mit, sie ist in Fahrt. Ich aber werde nervös, unterbreche die Stöße. Sandra dreht sich um und schaut mich fragend an. Ich zeige mit dem Finger auf die Trennwand, dahinter tuscheln die beiden. Sandra haut mit der Faust gegen die Spanplatte und schreit: »Schnauze, ihr Teenies!« Die beiden verstummen augenblicklich.

Ich brauche eine Weile, bevor ich mich wieder gehen lassen kann. Doch schon wegen des fehlenden Kondoms geht es dann recht schnell. Trotz Sandras hastig gestöhnter Versicherung, dass sie regelmäßig die Pille nehme, komme ich lieber nicht in ihr: Die Kabine lassen wir folglich noch dreckiger zurück, als wir sie vorgefunden haben. Meine Knie zittern, ich bin wackelig auf den Beinen. Zum Glück ist die Couch frei. Sandra setzt sich neben mich, entspannt, überlegen lächelnd. Für mich war es das erste Mal auf einer Clubtoilette. Ich bin mir nicht sicher, ob Sandra möchte, dass wir uns noch mal bei Tageslicht treffen. Ihre Freundin setzt sich zu uns. »Na ihr beiden«, das Grinsen verkneift sie sich nicht. »Tanzen?«, fragt sie uns. Sandra nickt, ich schüttele mit dem Kopf. Sandra steht auf. Wir küssen uns flüchtig auf den Mund.

»Das war ein Abend«, sage ich.

»Das kannste laut sagen.«

»Euch noch viel Spaß.«

»Danke, werden wir haben.«

»Na dann, mach's gut.« Will sie wirklich keine Telefonnummer?

»Danke, mach's auch gut.« Sie wirft mir im Gehen einen Luftkuss zu und verschwindet zwischen den tanzenden Leibern. So sachlich habe ich mir den Abschied nicht vorgestellt. Aber ich will nicht jammern. Ein Jahr ist dieser Abend her. Ich sollte mal wieder in die »Ankerklause« gehen.

2. GESCHICHTE

Kommen, sehen, kommen

*Tom (28), Bibliothekar, Berlin,
über
Elizabeth (26), Klamottenverkäuferin, Berlin*

Wie die Ratten heißen, weiß ich nicht mehr. Elizabeth hat ihnen jedenfalls witzige Namen gegeben. Erinnern kann ich mich nur noch an die eindringliche Warnung, meine Finger nicht in den Käfig zu stecken.

»Besser nicht, sie beißen Fremde«, ruft sie aus dem Bad. Als hätte jemand das dringende Bedürfnis, unterarmlange Nager zu streicheln. Hunde sind schon schlimm genug, aber wieso hält man sich Ratten? Elizabeth sagt, die beiden seien süß. Und ineinander verliebt. »Die bekommen bald Babys.« Es hört sich an, als spräche sie von Menschen. Dabei drohen ein Monsterrattenmännchen und ein Monsterrattenweibchen mit Nachwuchs, bissiges Ungeziefer steht vor der unkontrollierten Vermehrung.

Glücklicherweise trifft das auf Elizabeth und mich nicht zu. Sie kommt mit einer Kondompackung aus dem Badezimmer. Es ist der erste Weihnachtsfeiertag, der 25. Dezember, mittlerweile ist es Mittag. Und statt im Wohnzimmer meiner Eltern sentimentalen Reden voll versteckten Selbstmitleids zu lauschen, liege ich nach einer schlaflosen Nacht in einer dunklen Einraumwohnung in Neukölln und betrachte zwei wohlgenährte Ratten in einem viel zu kleinen Wellensittichkäfig. Irgendwann werden die Biester die Gitter zernagt haben. Aber dann bin ich schon lange nicht mehr hier.

»Elizabeth mit Z!« So hat sie sich mir vorgestellt. Ein paar Stunden zuvor, zwischen Rauch und Rausch in einem Berliner Club, der wegen seiner ausgedehnten Öffnungszeiten einen legendären Ruf genießt. Der Schuppen befindet sich unter einer S-Bahnbrücke. Es läuft fast immer Elektro, es ist stickig, man kann die Hand vor seinen Augen nicht erkennen. Wer dort landet, mag es laut und dreckig.

Ich mag es leise und sauber. Normalerweise. Mein Wunsch nach Ruhe und Reinheit geht so weit, dass ich wandern gehe. So richtig wie alte Männer, mit Rucksack und Karte. Gerne in den Bergen, gerne im Winter, gerne mit Outdoor-Schlafsack. Nicht viele junge Männer verbringen bei Minusgraden eine Nacht auf einer Isomatte in einem Nadelwald. Die meisten Frauen finden das so aufregend wie Modelleisenbahnen.

Noch kurz bevor ich Elizabeth mit Z treffe, gibt es um mich herum weder Lärm noch Dreck. Einmal im Jahr leihen mein Freund Sören und ich ein Auto und campen ein paar Tage wild im Mittelgebirge meiner Wahl, diesmal ist es der Harz. Die Latschenkiefern am Hang des Brockens sind über Weihnachten mit Schnee bedeckt, bei Pfefferminztee und Ravioli aus der Dose reden wir über Fußball und Foucault. Eine Fahrt mit der Harzer Traditionsbahn ist genauso Pflicht wie zwei Brockenwanderungen und drei Nächte unter freiem Himmel. Bei minus 13 Grad haben wir in unseren Schlafsäcken das gute Gefühl, dem weihnachtlichen Konformitäts- und Konsumdruck ein ordentliches Schnippchen geschlagen zu haben.

Zu unserer stillen Freude beginnt es in der vierten Nacht heftig zu schneien. Stück für Stück ringen wir uns zur Einsicht durch, dass wir wegen der klimatischen Bedingungen guten Gewissens einen Tag früher als geplant abreisen können. Mitten in der Nacht packen wir unsere Sachen, nicht ohne uns gegenseitig zu versichern, dass wir ohne den Schneefall – aus dem auf rhetorischer Ebene ein Schneesturm geworden ist – in der Natur bleiben würden.

Auf der Autobahn spüren wir nach drei Tagen Einsamkeit den Wunsch nach einem Gegenerlebnis. Dekadenz statt Demut, Alkohol statt Askese. Wir halten bis Berlin an zehn Tankstellen und trinken gegen die Müdigkeit dosenweise einen dieser neuen Energydrinks. Als wir um 8 Uhr morgens mitten in Berlin um Haaresbreite ein zugedröhntes Paar überfahren, das unter schon erwähnter S-Bahn-Brücke auf die Straße stolpert, wissen wir, wo noch was los zu sein scheint. Der Türsteher schaut uns mitleidig an. An Weihnachten sind auch Stiernacken milde, er erlässt uns den Eintritt: »Ist ja kaum noch einer da.«

Kein Wunder. Drinnen riecht es nach Schweiß, es ist fast so kalt wie draußen, nur dunkler. Aus den Boxen wummert es dumpf, jeder Gedanke an Tanzen wird zerhämmert. Überdreht zappele ich ein bisschen zum Lärm. In den Rauchschwaden erkenne ich neben Sören nur drei Männer, die alle so aussehen, als würden sie ihre Familien zu Weihnachten nicht freiwillig meiden, sondern weil sie bei Mutti seit Jahren Hausverbot haben. Frauen scheinen die Feiertage woanders zu verbringen, denke ich, als das offenbar einzige Mädchen den Raum betritt. In der Hand hat sie ein Wasserglas. Wahrscheinlich die letzte Chance, in diesem Jahr noch jemanden ins Bett zu kriegen.

Im *Playboy* habe ich einen Text übers Anmachen gelesen. Bei Männern setze nach drei Sekunden die analytische Lähmung ein: Wer nachdenkt, wird automatisch unsicher. Zögern schürt Zweifel. Denn wer wartet, dem fallen ganz sicher Gründe ein, warum das gerade nicht der richtige Moment ist, eine Frau anzusprechen. Ich atme tief ein. Eins, zwei, drei: »Ist das für mich?« Meine Hand greift nach dem Glas. Ich bin von meiner Entschlossenheit begeistert. Wie selbstverständlich meine Frage geklungen haben muss. Und so spontan. Wahnsinn. Sie antwortet: »Na, wenn du so fragst«, und streckt mir tatsächlich das Glas entgegen. Ich trinke gierig, lasse ihr aber ein paar Schlucke drin.

Wir reden über Wasser, Kälte, gefrorenes Eis und Wärme, die es wieder zum Schmelzen bringt. »Kommt vielleicht ein bisschen spontan, aber wollen wir nicht irgendwohin, wo es gemütlicher ist?«, frage ich. Was ist denn los mit mir, ich bin so direkt?! »Willst du gar nicht wissen, wie ich heiße?« Beleidigt sieht sie nicht aus, eher amüsiert. »Lass mich raten: Larissa.« Für jemanden, der Harzwanderungen mag, schlage ich mich als Player hervorragend. »Elizabeth mit Z«, sagt sie. »Noch schöner!«, rufe ich begeistert. Wir klären, was noch zu klären ist: zu ihr, mit einem Taxi, am besten gleich. Komisch, in dem *Playboy*-Artikel stand auch, dass man sich trotz erfolgreicher Gesprächseröffnung auf Stunden intensiven Flirts einstellen solle, bevor eine Frau zu Sex einlädt.

Im Taxi meldet sich vermutlich gerade deshalb der Romantiker in mir. Man will von Frauen ja seiner selbst wegen ausgewählt werden. Zumindest wenn man zu Melancholie neigt und schneereiche Nächte im Harz verbringt. Ich frage Elizabeth, ob ihr so etwas häufiger passiere. Das klingt unverfänglich, so als wäre ihr zufällig etwas heruntergefallen. Was hätte ich auch sonst fragen sollen: Elizabeth, bist du immer so leicht zu haben? Ihre Antwort auf die Frage nach dem »Passieren« versuche ich sofort zu vergessen. Klappt nicht, es sind leider zu viele: Wenn sie es sich recht überlege, habe sie bestimmt 50 Typen auf ähnliche Weise näher kennengelernt. »Aber manchmal auch in anderen Clubs.« Na dann.

Noch im Taxi wird mir klar, dass es einem Wunder gleichkäme, wenn ich ausgerechnet an Weihnachten morgens um 8 Uhr auf eine Jungfrau treffen würde, die sich nach fünf Minuten ins Bett lotsen ließe. Elizabeths Zimmer ist übrigens so gemütlich wie der Waldboden im Harz. Die Heizung auf null, eine durchgelegene Matratze, die zwei Nager, drei abgewetzte Stühle.

Die Ratten interessieren sich nicht dafür, was Elizabeth und ich erst im Stehen, dann im Hocken, zum Schluss auf der Seite liegend treiben. Unsere Körper harmonieren erstaunlich gut. Als ich komme, quittiert sie das mit einem wohligen Seufzer. Keine Minute später steckt sie sich eine Kippe an und gibt mir unerwartet Einblicke in ihr vergangenes Jahr. Mit ihrem Freund, von dessen Existenz ich bisher nichts wusste, laufe es nicht gut. Bis Silvester werde sie sich von ihm trennen. Sie sagt das beiläufig, aber glücklich hört sie sich nicht an. Ich lasse mir ihre Nummer geben. Meine behalte ich für mich, ich kann ihr sowieso nicht helfen, und die Ratten machen mir Angst. Elizabeth fragt nicht nach. Ich hoffe, dass sie das bei den anderen 50 Typen auch nicht gemacht hat, sonst wäre ich ein bisschen beleidigt.

Ob wir uns beim Abschied weitere Treffen in Aussicht stellen, weiß ich nicht mehr, angerufen habe ich sie nicht. Aber mir fällt ein, wie die Ratten heißen: Rammler und Ramona.

3. GESCHICHTE

Rock 'n' Rock

*Richard (24), Geschichtsstudent, Paderborn,
über
Julia (24), Medienwissenschaftsstudentin, Paderborn*

Ein Jahr wie im Rausch. Als im Frühjahr 2005 die ersten Sonnenstrahlen auf Paderborn fielen, weckten sie in mir einen brodelnden Vulkan. Na ja, vielleicht auch nur einen kleinen Geysir. Einige werden jetzt lachen, aber ich habe in jenem Jahr mein Abitur mit 1,3 gemacht, ich habe E-Gitarre gelernt und ich habe einen Mitgliedsantrag unterschrieben. Bei der SPD. Die hatte bei den Landtagswahlen in NRW gerade so schlecht abgeschnitten, dass SPD-Bundeskanzler Gerhard Schröder im fernen Berlin die Vertrauensfrage stellte. Da dachte ich, die Sozialdemokraten brauchen meine Hilfe. Wegen dem NRW-Wahl-Debakel 2005 kam übrigens Angela Merkel an die Macht – und das kann auch außerhalb der SPD kaum jemand gewollt haben.

Zugegeben, das Parteileben der Paderborner SPD ist so spannend, wie es sich anhört. Meine Abiturnote ist auch nicht weltbewegend. Aber die E-Gitarre hat mein Verhältnis zu Frauen revolutioniert. Dabei spiele ich nicht mal besonders gut, auch meine Band lässt zu wünschen übrig. Wir können eigentlich nur die Standards und dabei so tun, als wäre irgendwann mehr drin. Etwas besser ist nur unser Schlagzeuger, dessen Namen ich aus gutem Grund verschweige. Dieser miese …

Ich jedenfalls kann nur die üblichen Handgriffe, die und diesen einen Riff, bei dem ich mit fast geschlossenen Augen die Gitarre erst über meinen Kopf und dann verträumt hinter meinen Kopf halte. Als ich mich dabei das erste Mal im Spiegel des Proberaums beobachtet habe, dachte ich: wie geil. Ist das eigentlich Eitelkeit oder noch künstlerische Selbstreflexion?

Schon auf der Erstsemesterparty konnte ich den Riff so gut, dass ich seine Wirkung bei unserem Auftritt im Studentenkeller testete. Ich schloss die Augen und die Gitarre hob sich fast von allein. Obwohl ich nichts sah, spürte ich die Blicke an mir kleben. Ich bin mir sicher, wegen dieses Riffs haben sich gleich zwei Frauen aus dem Publikum entschieden, möglichst bald mit mir ein Bett zu teilen. Und beide wollten auf dem Laken beweisen, dass sie sich für mich als Freundin lohnen würden. Doch hat Keith Richards jemals einen auf Paar gemacht? Der wollte auch lieber Frauen, die nicht an ihm klebten.

So wie Julia. Bei ihr war alles anders als bei den anderen Erstsemestermädchen. Sie wohnte zwar noch bei ihren Eltern, galt aber als diejenige, die Paderborn als Erste für Erfolg und Glamour verlassen würde. Sie sah einfach nach Hamburg oder Berlin oder London aus. Sie hatte ein bisschen was von selbstverliebter Medientussi, mit Halstuch und einer Sonnenbrille so groß, wie sie sonst nur die wirklichen Medientussis in Großstädten tragen. Ich habe bei StudiVZ nachgeschaut, Julia hat 97 Bilder hochgeladen. Auf allen sieht sie gut aus. Was für ein Zufall. Aber ich liebe Medientussis, rein optisch.

Der Riff mit Keiths Lässigkeit war zwar eine notwendige, aber keine hinreichende Bedingung, um Julia kennenlernen zu dürfen. Ich hatte sie nach einem Auftritt gefragt, was für Musik sie sonst so höre. »Richtige«, hat sie gesagt. Bis zu unserem ersten Date habe ich vier Wochen geackert: Ich habe in der Mensa auf sie gewartet, sie nach Seminaren zum Kaffeeautomaten begleitet, ich bin auf der Erstsemesterparty ihrer Kommilitoninnen nüchtern geblieben. Bis wir uns schließlich für einen Mittwochabend in einem Lokal in der Kilianstraße verabredeten, hatte das Ganze für mich schon eine Stufe der Dramatik erreicht, die es mir unmöglich machte, locker zu sein, obwohl sie genau das von einem E-Gitarristen erwartete.

Ich kam etwas zu spät, welcher Musiker ist schon pünktlich. Nur dachte sie wahrscheinlich das Gleiche und kam noch später. Aus Furcht vor Verkrampftheit trank ich Fassbier. Wegen des Atems danach aß ich Fruchtgummi. Sehr viel Fruchtgummi. Nach dem Fruchtgummi wurde mir im Magen flau. Oder war das immer noch die Furcht? Dagegen trank ich wieder Fassbier. Sehr viel Fassbier. Als sie vor mir stand, lallte ich schon fast.

Julia sah umwerfend aus. Ich fragte sie, wo sie gerade herkomme. Sie erzählte von ihrem Nebenjob beim Radio. Und den angesagten Bands, die sie dadurch kenne. Und der Dienstreise ins coole Berlin. Und ihrer großen Schwester, die dort schon wohne. Ich nickte nur und hatte Angst, mich zu blamieren, wegen der vielen Biere, weil ich keinen Job beim Radio hatte, weil ich niemanden in Berlin kannte, weil ich nur einen Riff konnte. Julia sah so gut aus, dass ich sie kaum anschauen konnte, ohne wie ein Grundschüler zu wirken, der in das Oberstufen-Mädchen verliebt ist, das ihm Nachhilfe gibt. Um mich nicht lächerlich zu machen, konzentrierte ich mich auf den Zeitungsständer neben ihr. Dort hing ein Flyer, den ich zu entziffern versuchte. Irgendwas mit 24-Stunden-Entrümpelungsservice in ganz Paderborn, wie aufregend.

Gesagt habe ich bei diesem Date nicht viel. Dabei hatte ich genau die richtigen Komplimente parat. Nur ausgesprochen habe ich sie nicht. Zum Beispiel: »In Berlin sehen die Leute viel zu fertig aus, gehörst du nicht eher nach London?« Nach einer Stunde beschlossen wir zu gehen. Sei ja schon spät. Die *Tagesschau* war immerhin vorbei. »Dann bis bald mal«, sagte sie. Diese Runde hatte ich klar verloren, nicht aber das Match. Man kann einen

Boxkampf zwar mit einer einzigen rechten Geraden gewinnen. Aber nicht gegen einen der Klitschkos.

Zwei Tage später sah ich Julia in der Mensa. Es war Freitag und freitags dürfen überall in der westlichen Hemisphäre in irgendwelchen Kellern die Nachwuchsbands auftreten. Ich lud sie zu einem Auftritt in einer Kneipe in Porta Westfalica ein. Das ist eine Stunde mit der Bahn. Gut, dass sich unser Drummer gleich nach seiner Führerscheinprüfung einen gebrauchten Kleinwagen gekauft hat. Ich hätte Julia niemals in sein Auto setzen dürfen, aber das wusste ich damals noch nicht. Also fragte ich sie: »Wenn du willst, hole ich dich ab?« Wollte sie nicht. Ich glaube, ihr war unangenehm, dass ihre Mutter ein häuslicher Typ war, mit Geranien am Küchenfenster und Kalenderspruch auf dem Briefkasten. Außerdem mochte sie Peter Maffay, das wusste ich, weil das Auto ihrer Mutter, das sich Julia gelegentlich geliehen hatte, mit einem Peter-Maffay-Aufkleber verziert war.

So eine Mutter war mir gerade recht. Egal wie sehr sich Julia nach Berlin, Hamburg oder London sehnte: Der Apfel fällt nicht weit vom Stamm. Wenn die Mutter mich mochte, würde mich auch die Tochter für einen guten Fang halten. Mir war klar: Wer Peter Maffay mag, liebt es bodenständig, man könnte auch sagen: klassisch. Nichts passt da mehr, als einer Frau, die man zu Hause abholt, Blumen mitzubringen. Ich weiß, Blumen sind in der Regel kitschig, oft albern. Auf Gladiolen aber, zumal dunkelblaue, trifft das nicht zu. Schon gar nicht, wenn man zwei Exemplare dabeihat.

Ich holte Julia gegen ihren Willen ab. Als ich klingelte, stürmte sie zur Tür, wahrscheinlich, um ihrer Mutter zuvorzukommen, die aber auch nicht langsam war, sodass mich dann beide begrüßten. »Das passt ja. Die hier ist für Sie, Frau Lehmann«, sagte ich und reichte ihr eine der Gladiolen. Vor Rührung musste sie schlucken. Sie war so froh, als hätte Peter Maffay sie geküsst. Die andere Blume gab ich Julia. Sie schmunzelte, aber mehr weil ihre Mutter ganz aus dem Häuschen war. Blaue Gladiolen – darauf sollen die Schnösel in Berlin und Hamburg erst mal kommen.

Julia stieg zu uns ins Auto. Im kleinen Fiat unseres Schlagzeugers saß sie zwischen mir und unserem Sänger. Der war zum Glück etwas autistisch und hatte eine manisch-depressive Freundin. Mit Frauen, die wie Julia kein Drogenproblem haben, kann er bis heute wenig anfangen.

Das Konzert in Porta Westfalica war musikalisch und amourös ein voller Erfolg. Bei Julia hat es vor allem eines genährt: den Glauben, dass ich mich nicht nur selbst für einen begnadeten Künstler hielt, sondern dass knapp 20 ansehnliche Frauen im amüsierlastigen Alter im Publikum das auch so sahen. Wer hat, dem wird gegeben.

Als wir Julia zu Hause absetzten, kam ihre Mutter aus dem Haus gestürmt. Sie wollte sich noch mal bedanken. »... solche schönen Blumen!« Ob ich noch auf eine Kleinigkeit mit reinkommen wolle, Julia hätte sicher nichts dagegen. Aber nicht doch, Frau Lehmann. »Vielleicht auf ein Bier«, hakte die netteste Schwiegermutter der Welt nach. Julia wurde rot, ich wurde durstig. »Aber nur ein einziges Bier!« Nachdem ich ihr zehn Minuten lang erklären musste, worin der Trick beim E-Gitarre-Spielen lag, zog sich Frau Lehmann zurück. »Ich lass euch beide lieber allein.«

Julia entschuldigte sich wortreich, von der Coolness unseres ersten Dates war nicht mehr viel übrig. Aber von ihrer Schönheit. Ihre Mutter rief aus einem der hinteren Zimmer laut »Gute Nacht!«, zehn Minuten später küssten wir uns. Ich habe mich dann ganz selbstverständlich in Julias Bett gelegt. Am nächsten Morgen sahen Mutter und Tochter sehr zufrieden aus.

Julia und ich waren bis Ende des zweiten Semesters ein Paar. Dann kriselte es, ich glaube, das ist in dem Alter normal. Unnormal fand ich nur, dass sie gleichzeitig klammerte und anderen Männern schon mal schöne Augen machte. Wir beendeten die Beziehung so einvernehmlich, wie man das mit 21 Jahren eben machen kann. Zwei Wochen später dachte ich kurz darüber nach, sie mit meiner E-Gitarre zu erschlagen. Julia ist mit meinem Schlagzeuger ins Bett gegangen, ich hatte es nicht kommen sehen.

Unsere Band gibt es nicht mehr, aber ich perfektionierte den E-Gitarre-Riff und spiele jetzt in einer viel besseren Combo. Und ratet mal, wer inzwischen ein Semester in London studiert hat? Ich. Und wen hat es bis heute nicht aus Paderborn geführt? Take that, Julia!

4. GESCHICHTE

Eine geht noch

*Sven (32), Architekt, Hamburg,
über
Pia (32), Architektin, Köln, und Johanna (33), Fitnesstrainerin, Köln*

In Köln gibt es eine weit verbreitete Legende. Nach Karneval sei die Scheidungsrate in der Stadt höher als irgendwo sonst in Deutschland. Karneval ist gewissermaßen ein Beziehungsmassaker, ein Scheidungsbeschleuniger. Statistiken dazu kenne ich nicht. Wäre mal interessant, ob sich Karneval tatsächlich vor den Familiengerichten bemerkbar macht. Oder nur in den Betten.

Ich bin nicht wegen des Karnevals nach Köln gefahren, sondern weil ich Nadine, eine alte Freundin, besuchen wollte. Nadine ist die Beste. Ich kann mich nicht erinnern, dass es sie irgendwann mal nicht gab. Wir sind echte Sandkastenfreunde. Ich habe vor 28 Jahren auf dem Spielplatz unseres Viertels in Hamburg ihre Sandburgen zertreten. Meine Buddelkastenbauten brauchten immer mehr Platz, als gerade da war. Mir war die Architektur in die Wiege gelegt worden. Vor zehn Jahren ist Nadine wegen des Studiums nach Köln gezogen. Zwischen uns ist natürlich nie etwas gelaufen, wie sich das für beste Freunde gehört.

Ich komme nur mit einem winzigen Rucksack, Nadine wohnt in einer WG mit fünf Männern, die alles im Überfluss haben, inklusive nagelneuer Gästezahnbürste. Zu Karneval läuft bei denen das ganze Programm. Vorglühen, Umzug in der Innenstadt, dann von Party zu Party. Permanent kreisen Sektflaschen, am Ende meines Besuches werde ich 22 Stunden unterwegs gewesen sein.

Nadine stattet mich aus: Kleid, Perücke, Schminke. Ich sehe aus wie die junge Cindy Lauper ohne Pausbäckchen. Auch mein eigener Beitrag kann sich sehen lassen: Aus dem mickrigen Stamm eines vertrockneten Ficus benjamina im WG-Flur bastele ich mir einen Feenstab. Karneval kann kommen.

An die lauten Stunden in der Kölner Innenstadt kann ich mich kaum erinnern, zu viel Sekt, zu viel Schnatterei. Gemerkt habe ich mir jedoch, dass ich meine Exkommilitonin Pia aus Hamburg getroffen habe, auf die ich während des kompletten Grundstudiums ein Auge geworfen hatte. Leider hatte sie immer diesen Freund, einen humorlosen Streber, der auf den wahnsinnig sexy Namen Detlef hörte.

Mitten im Gedränge in der Innenstadt steht Pia plötzlich vor mir. Ohne Detlef. Sie trägt ein Heidi-Outfit und findet meine Aufmachung gelungen, jedenfalls karnevaltauglich.

»Gute Wahl das Kleid, du musst dann ja nur noch den Rock hochziehen«, sagt sie. Wofür frage ich lieber nicht, aufdringliches Flirten um 12 Uhr mittags ist auch an Karneval nicht mein Ding. Pias schon. Sie will wissen, was ich mit meinem Feenstab vorhabe: »Der ist ganz schön lang.«

»Soll ich dich damit verzaubern?«, frage ich. Was Besseres fällt mir nicht ein.

»Das möchte ich sehen. Und in was genau willst du mich eigentlich verzaubern?«

»Ach, da fällt mir schon was ein!« Es beginnt zu nieseln, Schneeregen. In meiner Perücke bleiben winzige Flocken hängen, wenn das so weitergeht, habe ich morgen Blasenentzündung.

»In dem Kleid wirst du heute Nacht frieren«, sagt Pia.

»Vielleicht gehe ich ja vorher ins Bett.«

»Also bitte, es ist Karneval, Sven!«

»Ich werde versuchen, mit meinem Feenstab ausreichend Wärme herzuzaubern.«

»Na das ist doch ein guter Wunsch. Meld dich später mal«, sagt sie und tippt mir ihre Nummer ins Handy. Allerhand, an Pia sollte ich heute Abend wirklich denken. Und vorsichtshalber schon mal mein Revier mit Lippenstift markieren. Ich gebe ihr ein Küsschen auf die Wange, nur zwei Anstandszentimeter neben ihrem Mund.

»Ich rufe dich an, versprochen«, sage ich und stelle meinen Handywecker auf 22 Uhr. Pia verschwindet im Strom der Massen.

Nach dem Umzug bin ich mit Nadine bei einem Schulfreund eingeladen. Ich mag ihn eigentlich nicht mehr, aber Nadine sagt, die Drinks seien super. Also gehen wir hin, beste Lage am Brüsseler Platz. Der Schulfreund hat eine kleine Filmproduktion, die unbedeutende Werbespots herstellt. Man glaubt nicht, wie viel Geld man damit machen kann. Er kann es offenbar selbst kaum fassen und teilt ungefragt mit, was seine Eigentumswohnung kostet, welchen Saab er sich kaufen wird, wie viel er seiner Putzfrau zahlt. Sein Hugo-Boss-Hemd sitzt makellos, als er über zu hohe Steuern und unzeitgemäße Atomkraft lamentiert. Wie aufregend. Ich gehe pissen.

Das Bad ist riesig, ich zähle sechs Spiegel. Einer davon reicht, um festzustellen, dass mein Lidschatten verrutscht und mein Lippenstift wohl am Sektglas kleben geblieben ist. So kann ja keine gute Laune aufkommen. Als Frau hat man es nicht einfach. Im Flur ziehe ich mir das Kleid zurecht, als die Gattin unseres Gastgebers zur Wohnungstür reinkommt. »Hallo, schöne Frau«, begrüßt sie mich. »Ich nehme an, Sie sind die Dame des Hauses?«, frage ich. Johanna hat gerade den gemeinsamen Sohn bei den Schwiegereltern abgegeben.

Im Esszimmer angekommen, will sie erst mal einen Sekt: »Holst du mir mal was?« Ihr Gatte springt auf, öffnet gehorsam eine neue Flasche. Seine aufgeblasenen Reden kommentiert sie spöttisch. »Hase, das ist übertrieben, findest du nicht?« Er wagt keinen Widerspruch. Ich hätte nicht gedacht, dass seine Frau nicht nur gut aussieht, sondern auch gut drauf ist. Johanna stürzt den Sekt hinter, bald verlangt sie nach Gin Tonic. Ihr Mann spurt. Das hat er verdient.

Pissen war ich. Bleibt nur noch Rauchen. Ich fingere eine Zigarette aus der Tasche, der Hausherr murmelt kleinlaut: »Bitte auf dem Balkon.« Wegen des Kindes, das ja schon morgen von den Großeltern wiederkomme. Warum haben Eltern immer Angst? Vor strengen Kindergärtnern, vor Schulen mit hohem Türkenanteil, vor Spuren kalten Rauchs. Immerhin will Johanna auch rauchen. Auf dem Balkon sind wir allein. Ich gebe ihr Feuer, dabei beuge ich mich so weit vor, dass meine Perücke fast in Flammen aufgeht. Johanna rettet mich mit einem Schluck ihres Gin Tonics. Wir lachen und pusten den Zigarettenrauch filmreif in die kalte Nacht. Wir sind schon zwei ziemlich coole Säue.

In der Stille summt mein Handy. Ach ja, der Wecker. Ich muss zu Pia, versprochen ist versprochen. »Du bist ganz schön busy«, sagt Johanna. Ich sage nichts, es wäre zu kokett. »Ich bin später in der ›Baracuda Bar‹, wenn du in der Gegend bist …?« Ihr Mann müsse mit »ein paar Freunden aus der Branche« nach Düsseldorf, erzählt sie mir. Dafür, dass wir uns erst zwei Stunden kennen, ist sie ziemlich redselig. Als ich die Balkontür öffnen will, beugt sich Johanna zu mir, zieht ein Taschentuch raus und wischt mir Schminke von der Wange. »So kannst du doch nicht auf die Straße«, stellt sie scheinbar beiläufig fest. Entweder sie ist eine gute Schauspielerin oder hat völlig vergessen, dass ich ein Mann bin. Ein fremder an Karneval dazu.

Ich leere mein Sektglas und stolpere aus der Wohnung auf den Brüsseler Platz. Dort hängen vom Umzug übriggebliebene Karnevalstouristen rum. Drei Jungs rufen nach mir: »Hey Schwuchtel, hast du dir auch die Beine rasiert?« Sie haben Schweinsteiger-Frisuren, Luftschlangen um den Hals und breite Kreuze. Ich will keinen Ärger, nehme das nächste Taxi und rufe

Pia an. Sie sagt, sie sei gerade auf dem Weg nach Hause. Also gut, auf ein Gläschen komme ich vorbei. Im Taxi frage ich mich, ob sie meinen Kussmund von ihrer Wange gewischt haben wird oder nicht. Sie wartet schon in der Wohnungstür auf mich. Mein Lippenstift ist deutlich zu sehen. Allerdings haben sechs, sieben weitere Münder ihre Abdrücke hinterlassen, verschiedene Rottöne zieren ihren Hals. Sie hat sich offenbar amüsiert. Ich hoffe, das waren alles Frauen.

Pia lebt noch nicht lange in Köln, der Wohnung fehlt der Eigengeruch. Der Parkettboden, die Regale, das Sofa strömen diese typische Fabrikfrische aus. Alles ist farblich abgestimmt, Topfpflanzen und Stehlampen fehlen nicht. Um mal frei aus *Fight Club* zu zitieren: Pia ist eine Sklavin des IKEA-Nestbautriebes. Und wie in *Fight Club* hat sie ein Alter Ego, das gar nicht so spießig ist. Ich komme nicht mal dazu, mein Kleid komplett auszuziehen. Es geht sofort zur Sache. Ein krönender Abschluss eines langen Tages.

Dachte ich. Es ist Mitternacht, ich war 16 Stunden auf den Beinen, alles schreit nach Schlaf. Alles in mir, leider nichts in Pia. Freundlich, aber bestimmt erklärt sie mir, dass es mit einem Übernachten meinerseits in ihrer Wohnung schwierig werde. »Normalerweise ruft er vorher an.« Aber heute komme er vielleicht unangemeldet vorbei. *Er?* Detlef, ihr Freund, wie ich den habe vergessen können?! Tja, wie konnte ich nur.

Scheiße, sie meint es ernst. Ich muss raus in die Februarkälte. Ich ziehe mein Kleid runter und rufe meine Freundin Nadine an. Alle Taxis sind voll. Völlig durchgefroren laufe ich zur »Baracuda Bar«. Unter meinem Kleid zieht es. Ich lese schon die Schlagzeile im *Kölner Express*: »Transsexueller nach Karneval erfroren.« Nur die Perücke wärmt mich. Am Brüsseler Platz treffe ich schon wieder auf die Jungs mit den Schweinsteiger-Frisuren. Die haben offenbar niemanden abbekommen. Vielleicht sind sie auch schwul und trauen sich nicht. Ich gehe schnell weiter. In der »Baracuda Bar« suche ich Nadine, treffe aber auf Johanna, die mir den Feenstab abnimmt und was Hochprozentiges in die Hand drückt. »Ich kann nicht mehr«, sage ich. »Bei mir bekommst du keinen Frauenbonus«, erwidert sie. »O.k., das trinke ich noch, aber dann musst du mich ins Bett bringen«, sage ich und grinse. Das Zeug gibt mir den Rest, alles verschwimmt.

Ich wache auf. Die Sonne scheint durch riesige, blanke Fenster. Der Raum ist völlig überheizt, ich habe Kopfschmerzen. Wo bin ich? Nadines WG sieht anders aus, mein Rucksack steht auch nicht neben dem Bett. Mein Blick fällt vielmehr auf das Foto einer Familie, die am Rheinufer sitzt. Moment, den Typen kenne ich. Krass, die Frau auch. Ich drehe mich um, Johanna öffnet die Augen, blinzelt mich an und fragt: »Wie spät ist es?« 14 Uhr. »Scheiße, ich muss den Kleinen von den Schwiegereltern abholen.« Panisch ist sie nicht, nur genervt, weil sie aufstehen muss. Johanna geht zum Kleiderschrank; als sie die Glastür aufschiebt, um sich ein T-Shirt herauszunehmen, fällt mein Blick auf die Anzüge ihres Gatten. Hätte er die Kraft mich zu verprügeln? Wahrscheinlich nicht, auf dem Schulhof war er ein Weichei.

Johanna ist die Ruhe selbst. Routiniert fragt sie, ob ich auch Kaffee wolle, von schlechtem Gewissen keine Spur. »War halt Karneval«, sagt sie zum Abschied. Scheiden lassen werden sie sich nicht.

5. GESCHICHTE

Am richtigen Platz

*Holger (30), Kameramann, Hamburg,
über
Anne-Marie (31), Laborantin, Lüneburg*

Ein guter Abend beginnt fast immer zufällig, ganz ohne Plan. Meist wollte man die eigene Wohnung nicht mehr verlassen, weil Fleisch und Geist zu müde sind. Dann rufen Freunde an und man geht doch noch mal vor die Tür. Zumindest an einem Freitagabend ist das deutsche Fernsehen keine Alternative. Um die Ecke ist eine WG-Party von einem Bekannten von einem Bekannten. Zwei Bier können nicht schaden. An solchen Abenden ist die erste Station auch die letzte, jeder überflüssige Ortswechsel wird vermieden. Und weil nur demjenigen das Glück in die Arme läuft, der es nicht sucht, sind diese Tage die besten. Mein Glück begegnete mir kurz vor 1 Uhr.

Ich bin nicht groß oder tätowiert oder falle durch einen modischen Stil auf. Ich habe ein Händchen für gute Plätze. Den Rest ermöglicht mir mein Beruf. Eine Minute nachdem ich die Wohnung betreten hatte, saß ich auf dem besten Platz der Party, in jeder Hand ein Bier. Im Zimmer des Gastgebers stand ein Sessel. Herrlich. Ich schlug die Beine übereinander und harrte der Dinge, die da kommen sollten. Die Wohnung war voll, auf den Sessellehnen saßen bald Leute, auf den Dielen vor mir kauerte eine Mädchenclique.

Fünf Minuten später war sie da. Sie war zierlich und hatte ziemlich große Ohrringe. Ihre Zähne waren makellos, nur ein Eckzahn stand schief. Wenn sie nach dem Lachen die Lippen schloss, sah man ihn als letzten Zahn aus ihrem Mund blitzen. Vor allem aber fiel sie mir auf, weil sie mich eine Sekunde zu lange anschaute. Ich dachte mir sofort: Diese Frau im Auge behalten. Ich hörte, wie sie zu einer Freundin sagte, dass sie sich in der Küche nach etwas Wein umsehen wolle. Weg war sie. Doch der Sessel in der WG war wie ein Hochsitz im Wald. Und den verlässt der Jäger nicht, bevor er die Beute nicht erlegt hat. Die wenigen Quadratmeter vor dem Sessel waren die Lichtung, auf die sich die Rehe aus dem Dickicht wagten. Die zierliche Frau mit dem süßen Zahn würde wiederkommen.

Noch bevor ich mit dem zweiten Bier fertig war, tauchte sie mit einer Rotweinflasche auf. Ich rutschte zur Seite und machte mich so schmal ich konnte. Die Botschaft war eindeutig: Bitte, setz dich! »Ist ganz schön voll hier«, sagte ich, um jedes Missverständnis auszuräumen. Sie lächelte: »So ein Sessel ist da Gold wert.« Die kleine Frau mit den großen Ohrringen hieß Anne-Marie.

Ziellose Abende können einem Mann zwar Frauen wie Anne-Marie in die Arme treiben. Doch dann ist Timing gefragt. Sie zu eilig ins Bett bekommen zu wollen ist riskant. Zu lange warten darf man aber auch nicht, sonst wird sie müde. Oder ihr fallen unzählige Gründe ein, warum man nicht schon am ersten Abend in der Kiste landen sollte. Der Laie unterschätzt diese Gefahr. Erfahrene Liebhaber wissen: Sechs Stunden nach der ersten Kontaktaufnahme ist die Zeit reif. Wer eine fremde Frau nach einer Stunde ins Bett kriegt und mit Brad Pitt oder Johnny Depp wenig gemein hat, sollte sich eher fragen, warum die Auserwählte so bedürftig ist.

Anne-Marie war nicht einsam. Sie besuchte in Hamburg mehrere Freundinnen. Wir plauderten über Städte, Jobs, Filme. Die üblichen Themen, wobei es in Gesprächen mit mir zwei Sorten von Menschen gibt: diejenigen, die sich nicht trauen, mit einem Kameramann über Filme zu reden. Und diejenigen, die ernsthaft glauben, sie kennen sich aus. Anne-Marie hielt sich mit Werturteilen über Filme zurück. Das Gespräch verlief vielversprechend, sie lachte, wenn ich Witze machte. Als es auf 3 Uhr zuging, erwartete ich langsam, dass sie für den finalen Kuss näher rücken würde. Frauen tun das unbewusst. Irgendwann sitzen sie so nahe, dass man sich ohne Verrenken küssen kann. Ich hatte nicht erwartet, besprungen zu werden. Dass Anne-Marie jedoch damit hätte leben können, den entscheidenden Moment verstreichen zu lassen, irritierte mich.

Ich legte den Kopf schief, damit sie den süßen Jungen in mir sah, der ich gewesen bin, bevor ich beim Fernsehen angefangen habe. Der Kuss blieb aus. Ich saß aufrecht und drückte meine Brustmuskeln heraus, damit Anne-Marie den trainierten Mann in mir sah, der ich beim Fernsehen geworden war. Der Kuss blieb aus. Ich spielte mit meinen Haaren, damit sie mich wenigstens als den verlegenen Holger erkannte, der ich immer dann bin, wenn mich die anderen beiden Typen nicht weiterbringen. Der Kuss blieb aus.

O.k., ich musste was ändern. Willst du was gelten, mache dich selten. Anne-Marie wurde erst aktiv, als ich meinen Hochsitz, den Sessel, verließ. Auch wenn bei mir nur die Blase drückte. In der Schlange vor dem Klo lernte ich eine andere Frau kennen. Sie war betrunken und kontaktfreudig. Und weil Frauen ein knappes, begehrtes Gut wollen, nahm ich sie zum Sessel mit. »Echt, du bist Kameramann!? Krass.« Meine neue Gesprächspartnerin setzte sich neben mich auf die Armstütze und spulte angeheitert ihre Lieblingsfilme runter. Sie hielt sich eindeutig für eine Kennerin. Besonders unangenehm war, dass sie nicht aufhörte, von US-Regisseuren und New-York-Filmen zu schwärmen. Dabei haben ausgerechnet zwei Deutsche mit *Last Exit to Brooklyn* einen der besten New-York-Filme aller Zeiten gemacht. Außerdem sind Sätze wie »Ich liebe New York« aus fast jedem Mund unerträglich. Wen immer ich diesen Satz habe sagen hören, war dort nur im Kurzurlaub. Kenner der Stadt wissen, dass New York überschätzt wird. Von wegen die Stadt, die niemals schläft: Ab 4 Uhr läuft auch in der Kunstszene nichts mehr. Alkohol schon gar nicht. Ich war fünf Mal in New York und jedes Mal vor 2 Uhr im Bett.

Doch ihren Zweck hatte die kokette Cineastin erfüllt: Anne-Marie witterte Konkurrenz. Sie zog an meinem T-Shirt. »Mit der kannst du es nicht ernst meinen!?«, fauchte sie. Der Kuss folgte innerhalb einer Minute. Das wäre geschafft. Oder? Es gibt Männer, die sagen, der erste Kuss sei kein Problem. Die Arbeit gehe nun erst los, weil Frauen inflationär zu küssen bereit seien, aber nicht annährend so locker, wenn es um Sex gehe. Meine Mitbewohnerin hat mehr als 100 Männer geküsst. Sex hatte sie mit zehn. Solche Zahlen machen mir Angst. Eine nur zehnprozentige Chance auf Sex, nachdem man sich schon geküsst hat? Ich will nicht heiß gemacht werden und mich dann mit meinen fünf Fingern abreagieren müssen. Bisher ist mir das ganz gut gelungen. Ich zähle zu der anderen Gruppe von Männern. Wir sagen, der Abstand zwischen Kennenlernen und Küssen ist riesig, der zwischen Küssen und Koitus nicht. Mit 80 Prozent der Frauen, die ich geküsst habe, war ich im Bett.

Die beste Taktik, um vom Küssen auf Sex zuzusteuern, ist zwei Schritte vorpreschen, einen zurückgehen. Wieder zwei vorpreschen, wieder einen zurück ... Ich küsste Anne-Marie erneut, meine Hand ging schnell unter ihr T-Shirt und rastlos wieder zurück. Ich legte meine Hand in ihren Schoß, zog sie wieder weg. »Wollen wir noch wohin gehen?«, fragte ich sie – um, ohne eine Antwort abzuwarten, sofort zurückzurudern: »Ach, geht nicht, ich muss morgen früh raus.« Anne-Marie guckte irritiert. Was will er denn nun?

Sie, bei mir zu Hause. Inzwischen war es 4 Uhr. Ich wusste, was zu tun war. »Lass uns mal frische Luft schnappen«, schlug ich vor. Anne-Marie folgte mir auf die Straße. Im Film- und Fernsehgeschäft nennt man die Minuten vor dem Sonnenaufgang die blaue Stunde. Sie mochte die blaue Stunde. Alle mögen sie. Das dunkle Blaulila beruhigt den Zuschauer. Anne-Marie fand den Blick in den Himmel romantisch, das Timing war perfekt. Jetzt musste ich dranbleiben, sonst hätten ihr Küssen und die blaue Stunde fürs Erste gereicht.

Ich wohnte um die Ecke. Mit Balkon. Alles in Anne-Marie wollte mit. Alles außer der antrainierten Scheu, es mit einem Fremden in der ersten Nacht zu tun. Da half nur eines: Sex werden wir nicht haben. Das sagte ich ihr. Gewusst habe ich, dass sie spätestens jetzt mit mir im Bett landen würde. Schon weil Anne-Marie glaubte, der Vorschlag käme von ihr und nicht von mir. Und weil sie ihren Freundinnen erzählen konnte, wie sie diesen Kameramann auf dieser WG-Party in Hamburg aufgerissen hat.

Meine Wohnung geht als minimalistisch durch. Kein Schnickschnack. Bücherregal und Bett und Baumarkttisch. Einige Frauen mögen so was. Mitbringsel, Blumen und Poster an den Wänden haben sie selbst. Anne-Marie zog sich langsam aus. Nach vier Stunden nackt in der Wohnung eines Fremden zu liegen, war sie nicht gewohnt. Sie war nervös. Außerdem war ihr peinlich, dass sie ihre Tage hatte. Mich stört das nicht. Lecken fällt aus, aber alles andere ist kein Problem. »Lass uns noch warten«, sagte sie. Ich schlug Schlafen vor. Doch schlafen wollte sie auch nicht. Ich vermute, es ging ihr um ein paar Anstandsminuten. Geschenkt.

Eine Viertelstunde später taute Anne-Marie auf. Ganz unerfahren war sie nicht, wusste sie doch, dass gerade beim Sex zwischen zwei Unbekannten einer den Rhythmus vorgeben muss. Der andere folgt. Wenn sich beide unabhängig voneinander bewegen, wird das nichts. Erst folgten wir ihrem Rhythmus. Ich kann nicht mit Sicherheit sagen, ob ihr Orgasmus vorgetäuscht war oder nicht. Wir warteten, dann drehte ich sie um und sorgte dafür, dass ich kam.

»Das ist mir noch nie passiert«, sagte Anne-Marie. Oh, das hört sich gut fürs Ego an. »Ich meine nicht den Orgasmus«, fuhr sie fort. Schade. »Sondern, dass ich sofort mit einem Typen ins Bett gehe.« Auch nicht schlecht! Wir schliefen Arm in Arm ein. Anne-Marie musste gegen Mittag im Zug nach Lüneburg sitzen. Die Nacht war kurz, der Abschied auch. Nicht, dass ich nicht schon mal neben einer Frau aufgewacht wäre, die ich nicht wirklich kannte. Mir sind die Verabschiedungen nach solchen Nächten dennoch unangenehm. »Lass uns telefonieren!« – geht gar nicht. »Bis später!« – noch schlimmer, wann bin ich schon in Lüneburg? Ich entschied mich für die harmloseste Variante. »War schön mit dir, du bist in meinem Sessel immer willkommen.« Falls sich nicht schon jemand anders hingesetzt hat.

6. GESCHICHTE

Die richtige Wahl

*Klaus (29), Abgeordneter, Berlin,
über
Lara (30), Grundschullehrerin, Berlin*

Manchmal zahlen sich Taten erst Jahre später aus. Ohne viel Aufsehen, quasi nebenbei entfaltet eine längst zurückliegende Entscheidung seine Wirkung. Das ist in der Politik nicht anders als im Privaten. Einige nennen das die Theorie der Timelags, den Verzögerungseffekt. Ehe sich etwas Sinnvolles durchsetzt, braucht es eben eine Weile. Bei mir und Lara hat es fast zehn Jahre gedauert, wobei ich die Zeit durchaus für andere Dinge zu nutzen verstand.

Sie ging auf die Nachbarschule in Lichterfelde, einem Stadtteil im ruhigen Südwesten Berlins. Sie war eindeutig die Schulschönheit. Ich war zwar ebenfalls keine schlechte Partie, aber ich war in der neunten Klasse und sie schon in der zehnten. In diesem Alter macht ein einziges Jahr einen Riesenunterschied. Zumindest junge Frauen sind da pingelig. Kaum eine Abiturientin würde sich altersmäßig nach unten orientieren. In ihren Augen war ich der kleine Nette. Für mich war sie die große Schöne.

Immerhin habe ich wenig später den Samen gesät, der eine knappe Dekade später zur Blüte treiben sollte. Lara verbrachte das komplette elfte Schuljahr in den USA. Dass es sie ausgerechnet in eine Kleinstadt nach Utah verschlagen hatte, war für mich

16-Jährigen ein Glücksfall. In Mormonenhochburgen herrscht Sittenstrenge, was ich politisch zwar falsch finde, in diesem Fall aus persönlichen Gründen aber für angemessen hielt. Unter den Mormonen in Utah war klar, dass Lara nicht einfach mit dem örtlichen Footballhelden in der Kiste landen würde. Sie konnte also in aller Ruhe meine Briefe lesen.

Heute klingt das ziemlich absurd, aber Mitte der 90er waren Internet und E-Mail noch was für Wissenschaftler und Militärs. Ein verliebter Zehntklässler schrieb damals ganz *old school* Briefe, mit der Hand und einem Füller. Es waren 14 Briefe, in denen ich fragte, wie sie sich zurechtfinde, wie der Alltag in Amerika sei, und berichtete, was in Berlin so passiert war. Ich kann nicht behaupten, dass sie auf jeden meiner Briefe geantwortet hätte. Aber damit habe ich auch nicht gerechnet, wie gesagt: ich, nett und klein, sie, schön und groß.

Tatsächlich saß ich während Laras fernem Highschooljahr nicht traurig in meinem Lichterfelder Kinderzimmer. Dass unser Kontakt während ihres Utah-Aufenthalts weniger wurde, störte mich zum Schluss nicht mehr, weil ich während ihrer Abwesenheit meine rebellische Ader entdeckte. Ich wurde alternativ. Lara hingegen kam als Dame aus Utah zurück. Sie trug weiße Oberteile, während ich keine Klamotten in anderen Farben hatte als Dunkelgrün, Dunkelblau und Schwarz. Das passte einfach nicht zusammen. Nach ihrem Abitur haben wir uns aus den Augen verloren. Ich begann, mich politisch zu engagieren. Erst in der Schülervertretung, später in der Parteijugend. Nach meinem Abitur zog ich in die Berliner Innenstadt, ich hatte Beziehungen mit Frauen, ich studierte Jura.

An Heiligabend fahre ich immer zu meinen Eltern nach Lichterfelde, meist trifft man dort über die Feiertage einstige Mitschüler und frühere Nachbarskinder. Am 24. Dezember 2005 komme ich aus der Kirche nahe der Wohnung meiner Eltern und da steht sie. Sie sieht genauso gut aus wie früher. Und inzwischen passen wir auch vom Stil her zusammen: Selbst im Winter trage ich gelegentlich helle Sachen. In Gedanken ist alles wieder da: meine verstohlenen Blicke auf dem Schulhof, ihre Abreise in die USA, der Füller, das Briefpapier.

Ich habe nicht lange darüber nachgedacht, glaube aber, dass meine erste Frage nach fast zehn Jahren so schlecht nicht ist: »Schreibt dir eigentlich heute noch jemand so schöne Briefe?« Lara wird rot. Offenbar kann mir, was handschriftliche Zuneigungsgesten angeht, niemand das Wasser reichen. Leider scheine ich an jenem 24. Dezember so sehr in Erinnerungen an die 90er zu schwelgen, dass ich völlig vergesse, dass man im Jahr 2005 E-Mail-Adresse und Handynummer austauscht. Bevor mir das einfällt, muss Lara zum Festessen ihrer Eltern. Immerhin habe ich mich in ihrem Leben zurückgemeldet, jetzt muss ich darin nur noch eine aktive Rolle spielen.

Das folgende Jahr ist voll mit Terminen. Die Wahlen zum Abgeordnetenhaus stehen an. Gleichzeitig sitze ich an meinem ersten Staatsexamen. Jurist ist man ein Leben lang, Abgeordneter nicht, zumindest nicht in einer funktionierenden Demokratie. Apropos, ich habe zwar Jura studiert, das ist heute aber in allen Parteien verbreitet. Ich bin also weder in der CDU noch in der FDP.

Am Wahlabend im September 2006 steht dann plötzlich fest: Ich bin Abgeordneter, so schnell kann das gehen. Die Hälfte meiner Fraktionskollegen zieht neu ins Abgeordnetenhaus ein. Als Abgeordneter hat man viele Privilegien, allerdings gibt es auch dicke Handbücher voller Pflichten. Um im parlamentarischen Biotop klarzukommen, treffen sich die Neulinge mit den alten Hasen, die dann gönnerhaft erklären, wohin im Abgeordnetenhaus welcher Flur führt, was die wichtigsten Vorschriften sind und wann die Schlange in der Kantine am kürzesten ist. Politik heißt Peilung haben. Die Wochen nach der Wahl haben sechs, sieben Arbeitstage, die Arbeitstage haben zehn, zwölf Arbeitsstunden. In der U-Bahn döse ich in jener Zeit regelmäßig. Mehrfach verpasse ich den Hermannplatz, meine Station.

Dann kommt der 3. Oktober 2006. Tag der Wiedervereinigung, ein Feiertag. Ich muss nicht arbeiten, bin nicht müde, diesmal verpasse ich den Hermannplatz nicht. Lara kommt die Rolltreppe runter, als ich die Bahn verlasse.

»Was machst du denn hier?«

»Ich wohne jetzt hier. Und du bist inzwischen Abgeordneter, habe ich gehört?«

»Äh, ja.«

»Und?«

»Das erzähle ich dir mal in Ruhe.«

Ich frage Lara nach ihrer Handynummer. Wir verabreden uns ein paar Tage später in einer Kreuzberger Bar. Eigentlich ist an jenem Abend eine Fraktionssitzung, das habe ich völlig vergessen. Ich komme gerade aus der Dusche, da klingelt mein Handy. Ein nicht ganz unwichtiger Kollege aus der Fraktion ruft an. Ich gehe nicht ran. Als ich mich für das beste Paar Schuhe entscheide, ruft der Parteifreund noch mal an. Ich gehe nicht ran und bekomme Angst: Wie schwer wiegt das Schwänzen der Sitzung, lasse ich meine Wähler im Stich oder nur die Parteifreunde? Der Fraktionskollege ruft ein drittes Mal an. »Liebe geht vor«, brabbele ich und stürme aus der Wohnung.

Lara sitzt in der Bar. Weil ich nicht über das Abgeordnetenleben reden möchte, frage ich sie, wie sie ihr Geld verdient. »Zwei Mal die Woche Gastro«, erzählt Lara. Erstaunlicherweise bekommt sie mit nur zwei Abenden in einer niedrigpreisigen Kneipe einiges an Geld zusammen. Am Stundenlohn liegt es nicht, der ist in Berlin unverschämt niedrig. Aber in der Gastronomie zählt eben vor allem eines: das Aussehen. Und wenn eine Kellnerin nicht nur schön ist, sondern dazu noch ein gewinnendes Wesen hat, muss sie nicht mal besonders geschickt im Umgang mit Gläsern und Flaschen sein und bekommt trotzdem Trinkgeld. Lara schmeißen es vor allem die männlichen Gäste hinterher, obwohl sie in Kneipen hin und wieder was umstößt. Zumindest wenn sie sich mit mir trifft.

Nach dem zweiten Bier muss Lara auf die Toilette. Als sie aufsteht, erwischt sie beim Umdrehen mein noch volles Glas. Sie ist schon auf halbem Weg zum Klo, als das Bier auf dem Boden aufkommt. Ich lasse mir vom Barkeeper einen Wischlappen geben und bin fertig, bevor sie zurück ist. »Du hast aber schnell ausgetrunken.« Lara ist eine echt unterhaltsame Kellnerin.

Über alte Zeiten sprechen wir nicht. Dazu kommt es nicht mehr, denn wir küssen uns. Lara geht das nicht schnell genug: »Na endlich, ich dachte, wir müssen noch eine Runde bestellen!« Für sie hätte ich auch noch mal den Boden gewischt. Weitere fünf Jahre später wohnen wir zusammen. Lara erklärt hibbeligen Grundschülern die Welt und ich habe kein Fraktionstreffen mehr geschwänzt.

7. GESCHICHTE

Die Freundin von

*Kolja (26), VWL-Student, Berlin,
über
Hannah (25), Arzthelferin, Berlin*

Die Nacht in den 1. Mai ist etwas Besonderes. Einst tanzten in der so genannten Walpurgisnacht die Hexen auf dem Blocksberg im Harz um ihren Meister herum, den Teufel. Die Hexen wollten es bei ihrer Feier richtig krachen lassen. Das ist ein paar Jahrhunderte her, aber auch heute noch sammeln sich in der Walpurgisnacht junge Frauen und solche, die es gerne noch wären, für ein paar wilde Stunden. Und jeder will ihr Meister sein. In Berlin wird am Vorabend des 1. Mai jedoch weit mehr geboten.

Am Mauerpark treffen sich Skater und Punks, Studenten und Prolls. Alle warten auf die Dunkelheit, die hier noch dunkler ist, weil im Park die Laternen fehlen. Wenn dort dann mehr als hundert Leute stehen, rollen prophylaktisch Einsatzwagen mit Blaulicht heran, behelmte Einheiten ziehen auf. Sie erzeugen das Klima, das es braucht, damit genau das passiert, was sie verhindern sollen. Irgendwer schmeißt auf die straßenschlachtgeübten Bereitschaftspolizisten die erste Flasche, die wegen fehlender Entschlossenheit schon auf halber Strecke auf dem Gehweg zerschellt. Routiniert schnippen die Polizisten ihre Kippen weg und zücken den Mehrzweckstock, auch Tonfa genannt. Die Schlacht kann beginnen. Am Ende rennen alle weg. Gestandene Autonome, die eine Polizeihundertschaft in Schach halten, gibt es nicht mehr. Die wenigen militanten Linksradikalen in Berlin halten sich zurück. Sie lassen lieber ein paar Straßen weiter in aller Ruhe die Luft aus den Reifen geparkter Polizeiautos.

Spätestens dann stehe ich mit meinem Kumpel Julian schon im Hof der »Kulturbrauerei«, zwei Ecken weiter. Die Revolution überlasse ich an diesem Tag anderen. In der Walpurgisnacht ist die »Kulturbrauerei« besonders beliebt, da gibt es drei Clubs, in die man auch als Jungenclique reingelassen wird, weil schon genug Frauen da sind. Um Kontaktaufnahme mit einer Vertreterin des anderen Geschlechts muss ich mich nicht kümmern, das macht Julian. Noch bevor wir den Einlass passiert haben, spricht er in der Schlange eine Frau an: »Bist du nicht mit Franziska befreundet?« Die junge Frau, die Julian völlig unbekannt ist, grübelt ernsthaft: »Welche Franziska?« Julian holt aus: »Na die Ex von ...« Auch wenn die Masche leicht zu durchschauen ist, verwickelt er auf diese Art regelmäßig Frauen in Gespräche.

Man muss nicht so tun, als sprächen Männer beim Ausgehen eine ganz bestimmte Frau an. Schon gar nicht in der Walpurgisnacht. Wie beim Karneval in Köln gilt: wer gerade zur Stelle ist. Die Frau, mit der Julian spricht, steht einfach nur hinter uns in der Schlange vor der Kasse. Sie ist in Begleitung zweier Freundinnen. Die eine ist etwas voller, wenn man versteht, was ich meine. Die andere aber ist die süßeste Frau des Abends. Ich sag nur Grübchen.

Julian hat das Trio gleich nach der Kasse gespalten und die von ihm angesprochene Frau aus der Clique gelöst. Teile und herrsche. »Dann eben wir«, sage ich und versuche, die peinliche Lage wegzulachen, bevor ich mich der Frau mit den Grübchen vorstelle. Sie sagt leise »Hi, ich bin Hannah« und ist in dieser Nacht wahrscheinlich die Einzige, die es nicht krachen lassen will.

Soll mir recht sein. Wer will schon aufgekratzte Frauen, die sich an einer Sage aus dem Harz orientieren. Hannah guckt verträumt durch den Raum. Ich schaue ihr direkt in die Augen, sie wendet ihren Blick ab. Sie wird mir den ganzen Abend über nicht mehr in die Augen sehen. Es ist die Art von übertriebener Abwehr, mit der Frauen ihr unangenehm heftiges Interesse am Gegenüber verbergen. Hoffe ich zumindest.

Ich setze mich zwischen Hannah und ihre etwas vollere Freundin und erwähne, dass ich mein Studium langweilig finde und demnächst eine Partnerin für meinen Nymphensittich kaufen werde. Hannah blickt mir zwar nicht in die Augen, sagt aber: »Ich hatte mal zwei Wellensittiche.« Immerhin.

Dass sie ansonsten schweigt, ist nicht so schlimm: Es wäre ohnehin unhöflich, nur mit ihr zu reden, denn sie ist, wie gesagt, nicht allein. Keine attraktive Frau ist es. Entweder sie ist von Männern umgeben oder aber von einer wachsamen Freundin. Jede Frau, die schön und sympathisch ist, hat im öffentlichen Raum mindestens eine unattraktive Begleiterin dabei. Als Schutzschild vor aufdringlichen Typen. In Nordamerika nennt man diese Freundin etwas sachlich *Cockblocker*. Den Begriff kann sich jeder selbst erklären. Der *Cockblocker* schützt die attraktive Freundin vor aufdringlichen Männern. Wer an die Schöne will, muss zuerst die weniger Schöne für sich gewinnen.

Als ich nach dem Abitur die Welt der Frauen entdeckte, dachte ich, es wäre ein Fluch. Dann verstand ich, dass es ein Segen ist. Denn wenn es den *Cockblocker* nicht gäbe, würden schöne Frauen permanent von Trotteln belagert werden. Über die Jahre habe ich *Cockblocker* zu schätzen gelernt. Denn ich mag fröhliche Frauen und erfahrene *Cockblocker* sind fröhlich, weil sie die Oberflächlichkeit des Geschlechtermarkts durchschaut haben und wissen, dass ihre schönen Freundinnen auch nicht glücklicher sind als sie selbst. Inzwischen ist es mir ein Bedürfnis, den Frauen zu schmeicheln, die sonst nur im Schatten ihrer schönen Freundinnen stehen. Manchmal plaudere ich so lange mit ihnen und unterhalte mich dabei so gut, dass ich vergesse, dass ich eigentlich eine andere im Auge hatte. Man könnte sagen, ich bin ein *Cockblocker*-Charmeur.

Den *Cockblocker* neben Hannah mag ich so sehr, dass ich den Begriff ab sofort vermeide. Corinna ist ihr Name. Sie ist Arzthelferin bei einem Sportmediziner, Hannah ist ihre Kollegin. Mit Corinna kann man Pferde stehlen, das merke ich sofort. Sie macht schmutzige Witze, die sonst nur alte Herren in Kneipen machen, in denen Skat gespielt wird, über die ich aber trotzdem lachen kann, weil Corinna so gar nicht nach Schmutzige-Witze-Erzählerin aussieht. »Rotkäppchen geht durch den Wald. Dort trifft sie Pinocchio. Sie reißt ihn zu Boden, setzt sie sich breitbeinig auf seine Nase und schreit ihn an: Lüg endlich, lüg!« Wie gesagt, wenn Corinna es erzählt, ist es lustig.

Wir sprechen über die Arztpraxis und unangenehme Patienten. Ein leicht hypochondrischer Fitnesstrainer habe Hannah zu jedem Arzttermin edle Blumen mitgebracht. »Irgendwann hat er bei ihr aufgegeben und mich nach einem Date gefragt«, erzählt Corinna. Ich verkneife mir Mitleid, denn das braucht sie nicht. Lieber biete ich an, Drinks zu holen. Corinna will Prosecco, den Champagner der kleinen Leute, besteht aber darauf, selber zum Tresen zu gehen. »Bleib du mal hier«, sagt sie und zeigt mit dem Kinn auf Hannah. Ich protestiere entschieden. Letztlich geht Corinna zwar zur Bar, ich wende mich Hannah trotzdem nicht zu. Das wäre nicht fair, Corinna soll nicht zurückkommen und allein herumsitzen.

Für die Getränke braucht sie ewig, kurz zuvor hat jemand eine Sammelbestellung abgegeben. Hannah schaut mich erwartungsvoll an. Jetzt traue ich mich nicht mehr, ihr in die Augen zu sehen. Zum Glück kommt Corinna von der Bar, ich frage eine Spur zu übertrieben, wo sie so lange gesteckt habe. »Da kann man dich nicht mal allein Getränke holen lassen.« Corinna findet mich unterhaltsam. »Ach weißt du was, Kolja, du bist eindeutig der Beste, den man hier hätte kennenlernen können.« Eindeutig, sagt sie. Schade, dass nicht Corinna, sondern ihre Freundin das Ziel meiner Begierde ist.

Weil Hannah neben uns sitzt, ist sie bisher von niemandem angesprochen worden. Gut so. Sie sieht etwas verloren aus. Erfolglos versucht sie, den richtigen Moment abzupassen, um in unser Gespräch einzusteigen. Das kann ihr nicht gelingen, denn Corinna und ich schnattern wie zwei Spatzen.

Ganz sicher tut Hannah es nicht mit Absicht, dazu ist sie zu höflich. Vielleicht will mir ihr Unterbewusstsein signalisieren, dass es an der Zeit ist, uns besser kennenzulernen, als sich ihre Grübchen verziehen und sie leise, aber hörbar gähnt. Ihr ist unangenehm, dass ich das bemerkt habe. »Ich glaube, du musst bald ins Bett«, sage ich. Nein, nein, protestiert sie. »Ich könnte dich noch bis zur Tür bringen«, schlage ich im Scherz vor, weil man bei einer scheuen Schönheit gar nicht spät genug zum Ernst seines Anliegens kommen kann. Den Scherz hat sie nicht herausgehört, so humorvoll wie Corinna ist sie eben nicht. Corinna kneift mir in die Seite. »Ich bin dann mal tanzen …«

Mit dem Taxi sind Hannah und ich in fünf Minuten bei ihr. Ich hatte bis vor die Tür bringen gesagt. Sie bittet mich nicht hoch, fragt aber nach meiner Nummer. Ich bestehe darauf, sie eigenhändig in ihr Handy zu tippen. Zum Abschied küssen wir uns kurz auf den Mund, so richtig kriegt sie die Lippen nicht auf. Ich laufe nach Hause, die frische Luft hilft mir beim Grübeln: Vielleicht hätte sie sich nach einem Zungenkuss nicht beherrschen können und wollte nicht gleich am ersten Abend alle Schleusen öffnen? Ein Korb sieht jedenfalls anders aus, denke ich, als in der Stille mein Handy brummt. »War schön, dich kennengelernt zu haben. Bist du schon zu Hause? Hannah.«

Am liebsten hätte ich gleich zurückgerufen. Doch besser ich bleibe bei SMS, wobei übrigens gilt: Immer alles klein schreiben. Das hat die RAF in ihren Bekennerschreiben auch gemacht und Andreas Baader hätte sie alle haben können. Ich tippe: »bin noch auf dem weg. für schlafen sowieso zu aufgeregt.« Sie antwortet prompt: »Ich auch. Was tun?« Ich mache Nägel mit Köpfen: »ich drehe um, bin in fünf minuten bei dir.«

Ich weiß noch, wie heftig wir uns schon in der Tür küssen. Ihre Wohnung gefällt mir, das Bett ist riesig, ich mag den Geruch der Bettwäsche. Gibt es etwas Schöneres als Wäsche, die nach dem Weichspüler einer schönen Frau riecht? Sie gesteht mir, dass sie ein bisschen eifersüchtig gewesen sei, weil ich dauernd mit Corinna gesprochen habe. »Ich habe mich gefragt, ob du das mit Absicht machst?« Wenn man das so einfach beantworten könnte.

Hannah ist viel lauter, als ich erwartet habe. Laut ist gut. Mir ist klar, dass das nicht die letzte gemeinsame Nacht sein wird. Geweckt werde ich von Sonnenstrahlen. Am 1. Mai scheint in Berlin immer die Sonne. Wir gehen am Mauerpark spazieren. Die Stadtreinigung fegt die Scherben der Walpurgisnacht zusammen. Hannah bekommt eine Kurznachricht von Corinna: »Hatt ich recht, oder was? Der Kolja passt.«

8. GESCHICHTE

Keine Massage

Leo (28), Politologe, Berlin,
über
Katja (34), Groß- und Außenhandelskauffrau, Berlin

Sie hatte keine Chance. Es war 3 Uhr und der dunkelblaue Lidschatten über ihrem linken Auge war schon verschmiert. Sie sah ein bisschen nach Courtney Love aus, auch wegen ihrer aggressiv blondierten Haare, für die sie ein Bleichmittel benutzt haben musste, das seit den frühen 90er Jahren im Handel nicht mehr erhältlich sein dürfte – außer vielleicht in einigen tiefbrandenburgischen Dorfdrogerien.

Fest steht, im Jahr 2010 gab es weder in dieser noch in einer anderen innerstädtischen Berliner Bar eine derart auffällig blondierte Frau. Das machte sie auf eine proletarische Art reizvoll. Dazu passte ihr Dekolleté, das man als einladend beschreiben konnte. Ihr enges Oberteil war gerade richtig ausgeschnitten. Zugegeben, es war zu bunt bedruckt, sah im Schummerlicht des Lokals sogar nach Tigermuster aus. Jedenfalls dachte ich an das, was die Fachpresse nett Apfelbrüste nennt, von denen ich hoffte, dass sie nicht ganz ohne Gewicht in der Hand liegen würden.

Noch hatte ich Zeit. Trotz der Signalwirkung ihrer Haare, trotz ihres auffällig gemusterten Oberteils, trotz fortgeschrittener Stunde hatte die schlanke, aber durchaus weiblich geformte Blonde alle Glücksritter unter den um sie herum feiernden Männern abblitzen lassen. Dennoch war davon auszugehen, dass eine Frau, die gerade erst ihre Freundin verabschiedet hatte, nicht allein aus Liebe zur Musik in diesem Laden blieb: Im »Kaffee Burger« in Berlin-Mitte begegneten sich über die Jahre unzählige Menschen, die sich zwar nicht kannten, aber ein paar Stunden später gemeinsam den Heimweg antraten. Das Alter der Blonden war schwer zu schätzen, unklar auch, ob sie aus Berlin kam.

Ich wartete. Meine Konkurrenten an diesem frühen Donnerstagmorgen waren ihr wahrscheinlich zu jung – die meisten waren ungeschickt tanzende Austauschstudenten, die schon das eine oder andere Bier verschüttet hatten. Und die wenigen anwesenden Männer um die 30 dürften ihr zu bourgeois gewesen sein – Möchtegern-Aufsteiger von der Sorte androgyner Gockel, die selbst in einem subtropisch warmen Tanzlokal diese neumodischen Schals trugen.

Christian und ich waren seit zwei Stunden hier. Wir hatten ein paar Bier getrunken und uns beieinander beklagt, wie wir es seit Jahren tun, wenn wir ausgehen. Darüber, dass viel zu viele Frauen dumme, eitle Freunde haben, mit denen sie eheähnliche Beziehungen pflegen. Dass viel zu viele Singledamen auf plumpe Anmachen der Konkurrenz hereinfallen. Und dass Frauen, auf die beides nicht zutrifft, zu scheu sind. Denn wir wagen fast nie den ersten Schritt und regen uns zwei Mal die Woche nächtens darüber auf, dass genau das von Männern erwartet wird. Christian, anders als ich von ruhiger, zuweilen einsiedlerischer Natur, unterbricht an solchen Abenden meine Litanei irgendwann: »Hör mit dem Gejammer auf.«

Zugegeben, in diesem Herbst war ich erstmals in der Lage, rechtzeitig zu erkennen, welche anwesende Frau vielleicht Interesse an mir haben könnte. Bis es so weit war, mussten allerdings 28 Jahre vergehen. Die Blonde mit dem leicht verschmierten Lidschatten gehörte zu diesen Frauen. Christian sagte ich das nicht, er ist vor jeder Kontaktaufnahme – selbst wenn es nicht um ihn geht – noch nervöser als ich. Außerdem heißt es, Frauen können Angst riechen.

Um einen Korb zu vermeiden, der meinen Abend aus purer Scham auf der Stelle beendet hätte, zeigte ich nicht nur keine Angst, sondern gleich auch kein Interesse. Wenn die Blonde nur ein bisschen Anspruch hatte, würde sie sich eher für Männer interessieren, die sich für Frauen nicht zum Trottel machen müssen. Marktwert ist alles.

Ich saß neben der Tanzfläche auf einem Barhocker und lehnte wegen Rückenschmerzen an der Wand. Lässig, aber nicht zu lässig. Der Platz war nicht strategisch gewählt, stellte sich jedoch als günstig heraus. Wer sich nicht auf der Tanzfläche blamieren oder steif daneben stehen wollte, ging früher oder später an mir vorbei zum Tresen. Irgendwann blieb die Blonde mit dem Lidschatten einen halben Meter neben mir stehen. Sofort versuchte ein lockenköpfiger Frauenversteher samt Schal sein Glück.

Christian und ich hassen solche Männer. Das sind die, die Frauen durchdachte Komplimente machen, mit ihnen tanzen, sie massieren. Solche Männer sind Freier, sie bezahlen Frauen. Nicht mit Geld, sondern mit Aufmerksamkeit. Christian und ich machen keine Komplimente, wir können nicht tanzen und Massagen gibt es nur in langjährigen Beziehungen.

Ich fixierte die Blonde mit strafendem Blick – und wusste, dass ihr nun jedes Eingehen auf die lockenköpfige Anmache vor meinem prüfenden Auge peinlich wäre. Tatsächlich ließ sie ihn nach 20, wenn auch gefühlten 200 Sekunden abblitzen. »Glück gehabt«, sagte ich zu ihr, ohne nachzudenken. Das war riskant, es hätte wie eine Drohung verstanden werden können. Doch sie lächelte. Gekonnt gelangweilt zog ich die Mundwinkel ein wenig nach oben, wendete den Blick dann wieder zur Tanzfläche. Es war fast so weit. Ich hatte lange genug gewartet, diese Berliner Courtney Love war mehr Aufmerksamkeit gewohnt, das Ignorieren wirkte. Courtney fühlte sich provoziert und fragte: »Willst du noch was trinken?« Auf so etwas in der Art hatte ich gewartet. Sie brachte mir ein Bier, ich begann mit meinem Verhör: ob sie aus Berlin kommt, wo und wie sie wohnt, was sie beruflich macht, ob sie morgen arbeiten muss. Erst dann interessierten mich Name und Alter.

Katja, 34 Jahre alt, arbeitete für einen Möbelgroßhändler. Sie konnte die Maße des Barhockers, auf dem ich saß, mit bloßem Auge bestimmen, sie wusste, wie teuer die Tische im »Kaffee Burger« vor der Einführung des Euros mal gewesen waren. »Auch nicht schlecht«, sagte ich und rang mir Anerkennung ab, schließlich gilt im Kapitalismus: Der Mensch wird Mensch durch Arbeit. Sagte Marx, später Lenin und dann gutbürgerliche Theoretiker, von denen man heute in den Vorlesungen hört. Katja wusste davon nichts. Sie machte einfach ihren Job.

Rund 20 Minuten später hatte ich sie alles gefragt, was mich je an ihr interessieren würde – das soll nicht nach Spott klingen, viele Menschen interessieren mich schon nach zwei, drei Sätzen nicht mehr. Katja ahnte, dass wir beide nicht unbedingt ähnliche Interessen hatten. Sie mochte Betriebsfeiern mit Bierfässern, männerdominierte Rockmusik und Katzen. Ich trinke Alkohol nur, um locker zu werden, höre frauenlastigen Pop und habe eine Katzenhaarallergie.

Katja hatte am nächsten Tag frei. Ich auch, tat allerdings so, als müsste ich in wenigen Stunden im Büro sitzen. »Wir können uns ja in den nächsten Tagen mal treffen«, schlug ich betont beiläufig vor. Dabei wirkte ich offenbar in ausreichendem Maße desinteressiert, denn Katja fühlte sich unterschwellig gekränkt.

»Hmm, also telefonieren wir«, sagte sie zögerlich. Sie schaute mir kurz in die Augen und ich sah ihr an, dass sie von meiner auf den letzten Metern so unaufdringlichen Art überrascht war. Ich wartete ein paar Anstandssekunden ab, dann bot ich treffsicher an: »Na ja, du könntest mir ja noch deine Wohnung zeigen, ist eh näher am Büro, dann habe ich es morgen nicht so weit.« Das saß.

Wenn ich mich jetzt nicht total dumm anstellte, was mir allerdings auch schon passiert ist, würde ich Katja in 30 Minuten nackt sehen. Christian musste ich möglichst freundschaftlich sich selbst überlassen. Damit Katja es sich nicht doch noch anders überlegte, gab ich ihr einen Kuss. Ich kann nicht flirten, ich kann nicht tanzen, ich kann nicht durch Charme überzeugen. Aber küssen kann ich.

Ich lief zu Christian, Katja wartete selig. Ihm musste ich nicht viel erklären. »Na dann viel Spaß«, sagte er. Unter guten Freunden gilt: Auch wenn Sex zum Greifen nah ist, kurz innehalten und sensibel bleiben. Natürlich dem Freund gegenüber. Denn gerade weil Christian sich mit Frauen damals etwas schwerer tat, wäre ein abrupter Abbruch des Abends ärgerlich gewesen. Niemand geht gern allein nach Hause, schon gar nicht, wenn der Freund, mit dem man gekommen ist, mit einer Blondine die Bar verlässt. Christian hatte sich ebenfalls umgeschaut und eine Dunkelhaarige mit kleinen Ohrringen und großem Mantel gefragt, ob sie denn schon gehen wolle. Wollte sie nicht mehr.

Am nächsten Tag erzählte er mir, dass es zum Telefonnummerntausch gereicht hatte. Ein paar Tage später berichtete er dann von einem langweiligen Date mit einer langweiligen Frau, die irgendwas mit Medien machte und ernsthaft geglaubt haben muss, im »Kaffee Burger« könne man den nächsten festen Freund kennenlernen. Christian vermutete, das hinge damit zusammen, dass ihre Eltern Grundschullehrer waren.

Ich freute mich, dass Christian beschäftigt war, als Katja und ich zielstrebig das »Kaffee Burger« verließen. Davor lauerte ein knappes Dutzend Taxifahrer. Zehn Minuten später waren wir bei ihr. Sie zahlte mit den Worten: »Ich verdiene wahrscheinlich mehr als du.« Das stimmte.

In Katjas kleiner Wohnung gab es eine haarige Katze samt Kratzbaum und ein *Dirty Dancing*-Poster. Passte beides irgendwie zu ihren Haaren. Na ja ... Ich lenkte meinen Blick lieber in ihr

Dekolleté. Sie folgte meinen Augen, mein Interesse ermutigte sie. Überraschend kniete sich Katja hin, öffnete meine Hose.

Wie viele Frauen machte sie anfangs den Mund nicht besonders weit auf, in einer Beziehung würde sich diese Gehemmtheit sicher schnell legen. In der nächsten knappen Stunde bogen und wendeten wir unsere Körper auf – für zwei völlig Unbekannte – angemessenem Niveau. Kennen sich zwei Menschen nicht und haben in ihrem bisherigen Leben sehr verschiedene Erfahrungen gemacht, ist nicht mit perfektem Sex zu rechnen.

Katja war es nach eigener Auskunft nicht gewohnt, mit einem Fremden derart komplikationslos den Heimweg anzutreten und im Bett zu landen. Doch einmal dort angekommen, ist für eine Frau in der Regel alles klar – außer sie hat ihre Regel. Für einen Mann wird es jetzt noch mal brenzlig: Inzwischen war es 5 Uhr morgens, ich war schon fast 24 Stunden wach und hatte viel Bier getrunken. Eine Erektion kriegte ich hin, klar. Schließlich entpuppte sich meine neue Bekanntschaft auch bei Zimmerbeleuchtung und beginnender Ausnüchterung nicht als ästhetischer Fehlgriff. Doch die Erregung letztlich bis zu einer Ejakulation zu steigern ist oft schwieriger, als Frauen glauben. Christian kann davon ein Lied singen.

Zu ihrer Vorsicht und meiner Müdigkeit kam noch eine leidige, aber nötige Erregungsbremse hinzu. Kondome machen Sex nicht besser. Um zu vermeiden, dass ich irgendwann ohne Orgasmus erschlaffte, stellte ich Katja freundlich und entschlossen eine für sie offenbar unkonventionelle Frage: »Sag mal, kann ich dir auf die Titten spritzen?«

Katja schaute mich an. Es ratterte in ihrem Kopf. Ein, zwei Sekunden lang bangte ich – findet sie die Frage zu vulgär, die von mir gewünschte Handlung unangenehm, gar ekelig? Sollte man eigentlich nicht annehmen, schließlich war sie 34 Jahre alt. Katja schien überrascht, begriff jedoch, dass es sich um eine verständliche Bitte handelte. »Klar!« Dabei lächelte sie milde.

Ihre Titten waren ungefähr so, wie ich sie mir vorgestellt hatte. Ein volles B, würde ich sagen. Sie richtete sich in ihrem Bett auf, lehnte sich an die Wand. Ich kniete mich breitbeinig über sie. Sie sah ein bisschen erschöpft, aber neugierig aus. Ich fand das sehr erregend und fragte mich nicht mehr, wo sie ihre Blondierung gekauft hatte oder warum uns Patrick Swayze von der Wand aus beobachten musste. Selbst meine Katzenhaarallergie machte sich nicht bemerkbar.

Ich schaute auf die junge Möbelhändlerin und machte es mir vor ihren Titten selbst. Ich kam schnell, schließlich ging dem Ganzen inzwischen eine knappe Stunde Sex voraus. Dann sank ich erschöpft zusammen. Eigentlich war ich noch handlungsunfähig, fragte aber aus Höflichkeit schon wenige Sekunden später, ob ich ihr zum Abwischen ein Handtuch holen sollte. Sie holte es selbst.

Viel gesprochen haben wir nicht mehr. Gedanken über gegenseitiges Anrufen und weitere Treffen machte ich mir schon aus Müdigkeit nicht. Als ich nach ein paar Stunden mittelmäßigen Schlafs dann aufwachte, schlief Katja noch. Die Reste ihres blauen Lidschattens waren bis zur Nase gerutscht. Sah geil aus. Dennoch war mir – ganz ohne Morgenkaffee – sofort klar: Sexuell würde ich mit Katja wahrscheinlich nicht viel mehr erleben, als ohnehin schon passiert war. Von sozialen oder emotionalen Fragen mal ganz abgesehen, wir beide waren einfach zu unterschiedlich. Wozu das Ganze krampfhaft in die Länge ziehen?

Katja war sicher ohnehin nicht völlig zufällig im »Kaffee Burger« gewesen, auch wenn ihr das selbst nicht bewusst gewesen sein muss. Nächsten Monat würde sie dort vielleicht jemanden kennenlernen, der ihr später auch den Rücken massiert. Ich schrieb ihr meine Nummer nicht auf einen Zettel. Nur Patrick Swayze war Zeuge, als ich leise ging.

9. GESCHICHTE

Das volle Programm

Aron (26), VWL-Student, Berlin,
über
Stephanie (20), BWL-Studentin, Berlin

Hinterherrennen ist doof. Das sieht hilflos aus. Und gerade vor ihr wollte ich nicht hilflos aussehen. Sie hatte ihren Schal verloren, als sie die breite Treppe in der Fakultät der Wirtschaftswissenschaftler hinabstieg. Ich blieb oben stehen und rief ihr hinterher: »Sag mal, ist das deiner?« Sie hörte mich nicht. Jetzt nur nicht loslaufen, dachte ich und rief einfach lauter: »Haaalloo, ist das deiner?« Sie drehte sich um. »Oh ja«, sagte sie und kam in Tippelschritten ein paar Stufen hoch, gerade so, als gehe sie davon aus, dass ich ihr den Rest des Weges entgegenkommen würde.

Ich kam ihr den Rest des Weges entgegen. »Danke«, sagte sie. »Wie kann ich das wiedergutmachen?« Leider verriet ihr Tonfall den allenfalls rhetorischen Charakter dieser Frage. Diese Frau glaubte offenbar nicht, dass sie etwas gutzumachen habe. Sie drückte wortlos aus, dass sie es selbstverständlich fand, dass ihr jemand etwas hinterherträgt. »Wie wäre es mit einem Kaffee? Am besten gleich.« Wer nicht wagt, der nicht gewinnt. Und hier gab es viel zu gewinnen: Sie sah so gut aus, dass ich ihr die Perlenohrringe durchgehen ließ.

Sie hieß Stephanie und war im ersten Semester, deshalb hatte ich sie an unserem Institut bisher noch nicht gesehen. Ihre glatte blonde Mähne und die zarten Hände sahen aus wie in der Werbung. Zu gepflegt für Berlin. Schnell hatte ich ihr entlockt, wie sie zu so edlem Äußeren und einem Schal der mir bisher unbekannten Marke Gant kam – den Preis habe ich später recherchiert: immerhin knapp 90 Euro. Stephanie entstammte einer westfälischen Industriellenfamilie. Sie kannte fürsorgliche Hausangestellte, sie kannte devote Lehrer, sie kannte gehorsame Ponys im familieneigenen Reitstall. Was sie nicht kannte, waren Männer, die nicht an ihr interessiert waren.

Auch in mir hatte sie nur einen weiteren Verehrer getroffen, das merkte sie. Unsere erste Begegnung beendete sie schnell, sie müsse weiter, meinen Kaffee trank ich in der Fakultätskantine allein aus. Ich habe gerade noch nach ihrer Nummer fragen können. Sie begann mit 0151-5555 … Ich bin mir sicher, dass Stephanie bei Vertragsabschluss 19,99 Euro mehr gezahlt hat, um genau diese Nummer zu bekommen. Am nächsten Tag trafen wir uns an der Uni. Das heißt, ich traf sie, weil ich sie suchte. Sie lächelte, war aber mit ihren ebenfalls hübschen Freundinnen beschäftigt. Ich schickte ihr abends ein paar floskelreiche SMS, die ich Außenstehenden ersparen will. Was zählt, ist das Ergebnis: Wir haben uns für einen Clubabend verabredet. Ich sollte ihr Berlin zeigen.

Wohin alle Neuberliner wollen, ist so vorhersehbar, dass ich mich schon darum gekümmert habe, unkompliziert an der Schlange vorbeizukommen, bevor Stephanie überhaupt den Namen des Clubs erwähnen konnte. Wie alle anderen wollte sie ins »Berghain«, und wie kaum jemand anderes konnte ich ihr einen Gästelistenplatz besorgen. Es war meine einzige Möglichkeit, ihre Sensoren auf mich auszurichten. Bei den meisten Frauen reicht es nicht, gut auszusehen, belesen oder vielsprachig zu sein. Denn 10.000 Jahre Patriarchat sind eine lange Zeit. Und nachdem sich Hunderte Generationen von Frauen mit Männerherrschaft arrangieren mussten, ist es kaum verwunderlich, dass sie bei Männern vor allem Macht und Erfolg zu schätzen wissen. Meist bedeutet das, im Mittelpunkt eines Sportclubs, eines Hochschuljahrgangs, einer großen Firma zu stehen. Oder eben einen alten Kumpel im »Berghain« zu haben.

»Hi Toni!«

»Hallo Aron, lass mich raten ...«

»Schon gut: Ja, ich habe eine Verabredung mit jemandem.«

»Und, wie ist sie so?«

»Verwöhnt, aus gutem Hause, reiche Eltern in Düsseldorf, fast schon unangenehm viel Geld. Sie hat ein eigenes Auto, früher hatte sie Pferde.«

»Wo haste sie kennengelernt?«

»In der Uni, sie ist eine Kommilitonin, na ja, fast, sie ist erstes Semester in BWL.«

»Oh Mann, das will ich mal gerade so durchgehen lassen.«

»Also ich plus eins kommenden Sonnabend?«

»Geht klar.«

»Ach noch was: Du könntest ihr ja mal zu verstehen geben, warum ausgerechnet ich der coolste Typ der Stadt bin.« Wir mussten beide lachen. »Drunter macht sie's nicht.«

»Schon klar. Ich bemühe mich.«

Toni meinte mal zu mir, das »Berghain« sei unterhaltsam, es inspiriere, aber es sei kein guter Laden, um eine Frau rumzukriegen. Selbst im Dunkel des bekanntesten Technoclubs der Welt gehe es nicht krasser zu als in den Dorfdiscos auf dem flachen Land. In jeder Spelunke in Brandenburg kämen Normalos schneller zur Sache, vermutet Toni. Die meisten heterosexuellen Gäste sind Touristen oder kommen als Paar, schnellen Sex dürften märkische Arbeitslose bei ihren Dorffesten eher haben als urbane Akademiker bei ihren Feiermarathons. Männer mit Männern tun es dagegen dauernd im »Berghain«, nur leider ist das für mich keine Option.

An jenem Sonnabend stimmte ich Stephanie in einer Bar in der Simon-Dach-Straße auf den Abend ein. Stilloser als die touristenschwangere Simon-Dach-Straße geht es in Friedrichshain eigentlich nicht, aber woher soll Stephanie das wissen? Und außerdem ist das »Berghain« nicht weit, lange Wege sind nichts für Frauen, zumindest nicht beim ersten Date. Vor dem »Berghain« war alles voll. Ohne Tonis Vorsorge hätten wir mindestens eine Stunde anstehen müssen. Stephanie gefiel es sichtlich, an der Schlange vorbeizuziehen. Schon weil es in Düsseldorf keine derart langen Schlangen gab. Als sie Sven Marquardt sah, Deutschlands bekanntesten Türsteher, griff sie nach meiner Hand.

Marquardt ist ein menschliches Monument, halb Berlin kennt – und fürchtet ihn ein wenig. Tätowierte Dornen zieren sein Gesicht. In den schwarzen Klamotten über seiner breiten Statur und mit den nach hinten gekämmten grauen Haaren sieht er wie ein Ritter aus. Dazu schwere Piercings in den Lippen und dicke Silberringe an den Fingern. Alle vor der Schlange am »Berghain« werden nervös, wenn er sie mustert. Schließlich entscheidet er, wer rein darf, und wer eine Stunde umsonst gewartet hat. Ich hoffe, Stephanie ist mir bis an ihr Lebensende dankbar, dass ich ihr Marquardts prüfenden Blick erspart habe. Er ist ein Berliner Urgestein und braucht keine 90-Euro-Schals, er braucht nur sich.

Drinnen hatte Toni leider keine Zeit für uns, er warf nur einen kurzen Blick auf Stephanie und ließ mich wissen: »Stimmt, sieht super aus.« Sollte das auf absehbare Zeit mit ihr nichts werden, würde er ihr beim nächsten Treffen zu verstehen geben, dass ich eine ganz große Nummer sei. Stephanie und ich tranken Bier und plauderten. Sie fand das »Berghain« aufregend. Ganzkörperepilierte Männer nur in Shorts sieht man in Düsseldorf vermutlich selten. Stephanie staunte mit Stil. Sie wusste, nur der Pöbel gafft, die Frau von Welt wundert sich unauffällig. Wenig später tanzte sie mitten unter den Technoprofis, erst zaghaft, dann immer leidenschaftlicher. Ich schaute ihr zu, ebenfalls mit Stil, nur der Notgeile gafft. Nach meiner Hand griff sie in dieser Nacht leider nicht mehr.

Am Sonntag darauf machte ich mit ihr die Flohmärktetour, ein Evergreen unter den Dateaktivitäten: zuerst eine Runde um den Boxhagener Platz, dann ins Gedränge am Mauerpark und schließlich noch über den kleinen Flohmarkt an der Museumsinsel. Stephanie kaufte Dinge, über die ich hier nicht reden möchte, sehr praktisch schienen sie mir nicht. Flohmärkte gefallen allen Frauen, ob arm, ob reich, ob jung, ob alt, ob bildungsfern oder promoviert. Einem dritten Date sagte sie noch am Sonntagabend zu. Wir verabredeten uns für den Donnerstag drauf. In Berlin gab es noch viel zu sehen.

Wenn das »Berghain« für eine harte Türpolitik, harte Drogen und harte Musik steht, dann steht die »Weinerei« am Weinbergspark für eine weiche Türpolitik, weiche Drogen und weiche Musik. Jeder darf rein, es gibt Wein, dazu französische Chansons. Die »Weinerei« ist ein Lokal, das sich vor allem dadurch von anderen unterscheidet, dass es keine festen Preise gibt. Bequeme Sessel, gedimmtes Licht, ein Tresen mit zehn Weinflaschen. Jeder Gast bekommt gegen einen Obolus ein Glas, danach ist er sich selbst überlassen. Man bezahlt nach eigenem Ermessen und legt das Geld beim Hinausgehen in eine Schale. Dass sich so mancher Gast zehn Mal schweren Rotwein nachschenkt, beim Verlassen der »Weinerei« aber nur drei, vier Euro in die Schale wirft, kommt leider regelmäßig vor. Peinliche Situationen und beleidigte Gastwirte sind folglich keine Seltenheit. Ich trinke höchstens fünf Gläser und gebe fünf Euro. Ich denke, damit liege ich ganz gut.

Stephanie war von der »Weinerei« begeistert, sie glaubte, es gäbe dort eine Art unbeschwerten Traubensaftsozialismus, nur weil jeder den Preis seiner Getränke einigermaßen selbst in der Hand hat. Ich erklärte ihr nicht, dass es sich immer noch um Marktwirtschaft handelte, das wird sie im Studium noch früh genug erfahren haben.

Auch an diesem Abend war Stephanie gut drauf. Vielleicht ein bisschen zu gut. Sie nippte querbeet an allen Weinen, nach einer guten Stunde war sie schon so fröhlich, dass ich hier mal den guten Ton beiseite lassen muss: Sie soff wie ein Loch. Bei 50 Kilogramm

Lebendgewicht hatte sie in zwei Stunden drei Gläser Cidre und zehn Gläser Wein zu sich genommen. Ich war bei meinen üblichen fünf Gläsern nüchtern. Die Leute hinterm Tresen schauten mich ungeduldig an, als ich Stephanie an die frische Luft begleitete. In der »Weinerei« ist man tolerant, aber für einen Vollrausch sollte man sich ein anderes Lokal suchen. An diesem Abend ließ ich 25 Euro da.

Stephanie bestand darauf, in einem Taxi nach Hause zu fahren. Anfahren, rote Ampeln, bremsen, anfahren. Das ist nichts nach einem Weingelage. Sie wurde blass, der Fahrer hielt an, in Berlin haben sie ein Auge für Gäste mit flauem Magen. Wir stoppten an der Brücke am Berliner Dom. Ein lauer Wind wehte von der Spree zu uns hoch. Als Stephanie kotzte, reagierte ich schnell und hielt ihre langen, gut riechenden Haare nach hinten. Sie sollten nichts abbekommen. Das hätte sie sich selbst nie verziehen. Wir saßen noch eine Weile am Spreeufer, aus Scham sagte sie nichts. Meine Hand hielt sie leider nicht. Ich habe sie nach Hause gebracht, dann bin ich zu mir.

Neun Stunden später bekam ich eine SMS, Stephanie musste gerade aufgewacht sein. »Danke für alles. Du bist mein Held! Heute Abend mal lieber nur Tee, bei mir?« Ich, ein Held! Nun ja, in ihrer Welt schon. Dass ich ihr engelsgleiches Haar vor ihrer Magensäure gerettet hatte, hat bleibenden Eindruck hinterlassen. Und so will ich mit viel gutem Willen sagen, dass es nicht nur meine beharrliche Ich-zeig-dir-Berlin-Aufschneiderei war, die mich ihr näher brachte, sondern auch Herzenswärme. Marktwert ist vielleicht doch nicht alles.

Stephanie hatte eine Zweiraumwohnung, die ich mir allein nicht hätte leisten können. Wir tranken Tee im Wohnzimmer, wenn ich es mal so nennen darf. Dann schauten wir einen Film, es lief gerade *Forrest Gump*. Bei diesem Streifen rutscht man automatisch näher aneinander. Kuss. Endlich. In ihrem Schlafzimmer roch es nach Aprikose. Leider war die erste gemeinsame Nacht darin gar keine. Zumindest nicht nach den Maßstäben, die vitale Männer heutzutage anlegen. Wir hatten nicht nur keinen Sex, sie ließ auch ihr Schlaf-T-Shirt an. Es sollte bis zur dritten Nacht dauern. Stephanie sah nackt noch besser aus als angezogen, und das ist nicht bei allen Frauen der Fall. Sie war so schön, ich hätte mich auch gefreut, wenn sie nur wie ein Brett dagelegen hätte.

Wir verbrachten zwei Wochen miteinander, in denen auch ihr schnell klar wurde, dass uns wenig verband. Das nächste Semester studierte ich in Irland, wir blieben »Freunde« bei Facebook. Ich habe Stephanie erst ein knappes Jahr später noch mal getroffen. Im »Berghain«. Ohne Perlenohrringe, dafür im zerrissenen Tanktop.

10. GESCHICHTE

Love is in the Air

*Daniel (29), Stiftungsmitarbeiter, Berlin,
über
Sarah (28), Anglistin, Berlin*

Das ist eine Liebesgeschichte. Und zwar über eine große Liebe. Eine, die ewig hätte dauern können. Ich habe Sarah an einem nebeligen Oktobermontag um 10.15 Uhr das erste Mal gesehen. Sie saß in der letzten Reihe in einem Seminar, das ich in jenem Semester besuchte. Sarah sagte wenig. Sie schien eingeschüchtert. Große Gruppen waren nicht ihr Ding. Sarah studierte Anglistik, dies war jedoch ein politikwissenschaftliches Seminar. Und in solchen Veranstaltungen versuchten Männer anderen Männern beizubringen, dass sie falsch lagen. Vielleicht heißt es unter Bankern tatsächlich: »Mein Haus, mein Boot, mein Pferd.« In solchen Seminaren galt: »Meine Bücher, mein Wissen, meine Rhetorik.«

Vermutlich habe ich beim intellektuellen Schwanzvergleich nicht schlecht abgeschnitten. Jedenfalls behielt mich eine Rothaarige zwei Plätze neben mir jeden Montag die 90 Seminarminuten lang im Blick. Das fiel mir aber erst nach vier Wochen auf, denn ich achtete nur auf die kleine Frau mit den dunkelblonden Haaren und den blauen Kulleraugen in der letzten Reihe. Sarah. Zu meinem Ärger achtete sie nicht auf mich. Zumindest tat sie so. Sie fand mich arrogant. Schon weil ich jeden im Raum für unbelesen hielt. War die Sitzung zu Ende, ging ich schweigend an allen vorbei. Ich schwebte durch die Gänge des Instituts, unnahbar.

Meine Distanz hatte einen einfachen Grund: Ich wollte mit Sarah ins Gespräch kommen – und zwar mit ihr allein. Sie bemerkte das nicht. Jeden Montag, wenn das Seminar kurz vor 12 Uhr zu Ende war, versuchte ich, mit ihr zusammen den Gang langzulaufen, gemeinsam den Fahrstuhl zu nehmen, mich in der Schlange am Kaffeeautomaten hinter sie zu stellen. So richtig ins Gespräch kamen wir nicht. Sarah wirkte verträumt. Manchmal sah sie skeptisch aus. Manchmal traurig. Ich sah ihr an, dass irgendwas in ihrem Leben nicht zu ihrer Zufriedenheit lief. Das wollte ich ändern. Und wie das bei tiefer Hingabe eben ist, war mir fast egal, ob ich sie dafür bekommen sollte. Hauptsache, sie würde lachen. Mit mir.

Zu Hilfe kam mir die Bildungspolitik der Europäischen Union. Der Bachelor wurde eingeführt, das Studium sollte kürzer werden, die Studenten sollten weniger kosten und schneller auf den Arbeitsmarkt. Engagement nach der Vorlesung, BAföG nach der Regelstudienzeit? Unerwünscht. Dazu drohten Studiengebühren. Im Dezember fiel unser Seminar aus. Studentenstreik. Sarah fand den Ausstand richtig. Mir war ohnehin alles recht, was Aufbruch erzeugte – politisch und privat. »Ich bin zwar keine Expertin«, sagte Sarah bei einer unserer seltenen Kurzkonversationen am Kaffeeautomaten, »aber mit so einem Bachelor werden die Menschen sicher nicht klüger.« Sie sagte das fast fragend, ganz leise. Als traute sie sich nicht. In der Hand hielt sie einen Stoffbeutel. Darauf war eine kleine Sonne, darunter das Logo eines Vereins für Kinderfreizeitfahrten. Sarah fuhr mit Kindern überforderter Eltern in die Ferien. Ehrenamtlich. Ich war verliebt.

Fortan machte ich zeitintensive Umwege, um ihr zu begegnen. Sah ich sie bei der studentischen Vollversammlung, wühlte ich mich so lange durchs Gedränge, bis ich zwei Reihen hinter ihr stand. Löste sich die Vollversammlung nach stundenlangen

Debatten auf, wartete ich, bis sie sich umdrehte und wir zusammenstießen. Was für ein Zufall. Stand sie in der Mensa mit ihren Freundinnen in der Schlange, beobachtete ich die Gruppe, bis sie sich nach der Essensausgabe hinsetzte. Dort schlenderte ich vorbei. Ach, du schon wieder.

Für einen kalten Dezembertag hatten ihre Kommilitoninnen eine Streikkundgebung geplant. Auf der Kundgebung liefen alle im Kreis, schon um nicht festzufrieren. Der Winter hatte die Stadt im Griff: minus 17 Grad. Ich wollte Sarah zu einer heißen Schokolade einladen. Mehr traute ich mich nicht. Tatsächlich stand sie vor Kälte zitternd neben einem Transparent. Tapfer hielten sie und ihre Kommilitoninnen das eingefrorene Stoffstück den wenigen Passanten entgegen, die bei der Kälte unterwegs waren. Unter Sarahs Wollmütze strahlten hellblau ihre riesigen Augen in die Dunkelheit. »Was machst du denn hier?«, fragte sie. Ich reagierte empört: »Wie wäre es mit: Für eine gute Sache demonstrieren?!« Sie lächelte. Ihr ganzes Gesicht strahlte. Ich liebte sie.

Da war nur ein Problem. Sarah sprach es vorsichtig an, als ich sie fragte, ob sie noch mitkäme, auf eine heiße Schokolade. »Ich muss nach Hause«, sagte sie leise. »Wer wartet denn?«, fragte ich. Erhofft hatte ich eine Antwort wie: »Ich bin mit meiner Mitbewohnerin zum Kino verabredet.« Oder zum Essen. Stattdessen fing Sarah mit »Mein Freund ...« an. Ich wusste sofort, dass die beiden nicht einfach nur verabredet waren, sondern zusammenwohnten. Und auch wenn ich augenblicklich beschloss, sofort nach Hause zu fahren, um mich auszuheulen, ahnte ich doch, warum Sarah so melancholisch wirkte. Ihr Freund war das Relikt einer anderen Zeit. Sie hatte ihn aus der Schule mit ins Studentenleben genommen. Jede Wette, dass er inzwischen ein fauler Sack war.

Vor Sarah versuchte ich, meine Trauer zu verbergen. Ich beschloss, sie eine Zeit lang zu meiden. Es waren ohnehin nur noch wenige Wochen bis zum Semesterende und wegen des Streiks fiel das Seminar aus. Doch Sarah ging mir nicht aus dem Kopf. Trotz ihres Freundes hätte ich sie gerne gesehen. In jenen Tagen wurde ich 23. An meinem Geburtstag war ich allein. Ich hatte keine Lust auf Freunde, schon gar nicht auf Familie. Wo ich Weihnachten und Silvester verbrachte, weiß ich nicht mehr. Die Semesterferien waren lang. Ich dachte an Sarah. Bisher hatte ich nur eine Freundin, meine Jugendliebe. Ich verliebe mich nicht einfach so. Sarah war die zweite Liebe meines Lebens, meine Erwachsenenliebe. Endlich wurde es wärmer, der April kam, das Sommersemester ging los.

Auf meinem Stundenplan stand nichts. Ich war inzwischen fast scheinfrei. Man kann nicht sagen, dass für ein erfolgreiches Studium der Politikwissenschaften mehr als gute Allgemeinbildung nötig ist. Dennoch wurde die Uni mehr als je zuvor mein bevorzugter Aufenthaltsort. Zu Semesterbeginn lief ich eine Woche lang jeden Tag vor dem Institut der Anglisten auf und ab. Am Freitag endlich sah ich Sarah aus der Ferne auf den Haupteingang des Hauses zulaufen. Ich rannte los, schließlich wollte ich vor ihr in das Institut gelangen. Dort wartete ich an der Treppe und las langweilige Aushänge für Praktikumsplätze. Büroassistenz gesucht, wie spannend.

Sie kam, mein Herz schlug schneller. »Hallo Sarah, lange nicht gesehen.« Ich gab mir einen Ruck. »Ich wollte gerade was essen gehen, willst du mit?« Sarah wollte. Wir gingen in die Mensa. Nur wir beide. Vorsichtig fragte ich nach ihren Ferienfahrten, ihren Freunden, ihrer Familie, ihrer Kindheit. Sie sprach von schwierigen Geschwistern, einer sorgenvollen Mutter, einem überforderten Vater. Und von dem Schulbus, der sie morgens aus dem Dorf im Berliner Umland abgeholt hatte, in das ihre Eltern ärgerlicherweise gezogen waren, als die pubertäre Sarah die Welt zu entdecken anfing. »Das ist ein ganz kleines Nest, kennst du sicher nicht«, sagte sie leise.

Zu Hause schaute ich mir die detaillierteste Landkarte Brandenburgs an, die ich finden konnte. Im Netz las ich stundenlang alle Einträge, die es über den Ort gab. Ich kann heute noch über die freiwillige Feuerwehr des Kaffs referieren. Unserem gemeinsamen Mittagessen schlossen sich weitere Mensabesuche an. Den Mittagessen folgten gemeinsame Kaffeepausen. Wir tauschten Handynummern aus. Ich tat vor allem eins: zuhören, zuhören, zuhören. Sie sagte nun häufiger etwas. Etwa, dass sie ihr schlecht bezahlter Nebenjob in einem Supermarkt in Potsdam nervte. Dort wohnte sie mit ihrem Freund. Und ich hatte richtig gelegen: Die beiden waren seit der zehnten Klasse zusammen. Einst war er in der Schulband, athletisch und angriffslustig. Nun war er Dauerstudent, pummelig und phlegmatisch.

Liebe macht waghalsig. Vielleicht glaubte ich deshalb schon jetzt, sie würde ihren Freund übermorgen verlassen. Bis dahin, dachte ich mir, erzähle ich ihr schon mal von meinen Freunden, meiner Jugend, meinen Wünschen. Wir sprachen über Bücher, Filme, Orte. Auch Sarah hörte aufmerksam zu. Ich konnte kaum in ihre großen Augen schauen, ohne sie berühren zu wollen. Und vielleicht kam alles so, weil ich uns in meinen Tagträumen schon als Paar sah.

Eines Abends schickte ich ihr eine SMS: »In Potsdam gekündigt?« Gemeint war der Job. Und der Freund. Ob Sarah das merkte? Sie antwortete nicht, sie betreute eine Ferienfahrt mit ihrem Kinderverein in einer Gegend, in der ihr Handy keinen Empfang hatte. Eine Woche später bekam ich eine SMS: »13 Uhr vor der Mensa?« Eigentlich hatte ich schon gegessen, dennoch raste ich zur Uni. Als ich dort ankam, lag ein seltsamer Stolz auf ihrem Gesicht. »Ich habe mein Leben geändert«, sagte sie zur Begrüßung. Es sprudelte aus ihr heraus: Sie hatte ihn verlassen und zog zu einer Freundin. Den Job hatte sie auch hingeschmissen. Sie lächelte. Am glücklichsten war ich.

Wir gingen essen. Und weil es in der Mensa irgendein Reisgericht mit Safransoße gab, nahm ich von der Essensausgabe ein paar Servietten mit. Ich wusste, sie würde kleckern. Aufgeregt wie man eben ist, wenn man gerade sein Leben ändert. Bei Safransoße kleckert außerdem fast jeder. Ich reichte ihr die Servietten. Sie sagte, ich sei aufmerksam. Ich nahm all meinen Mut zusammen: »Ich habe Karten fürs Freiluftkino, weiß aber nicht, welcher Film läuft. Hast du heute Abend vielleicht trotzdem Lust mitzukommen?«

Sie hatte Lust. Natürlich wusste ich, welcher Film kam. Ich hatte ihn sogar schon gesehen: *Was nützt die Liebe in Gedanken*. Ich kannte auch den Vorfilm, ein zehnminütiges Drama namens *True* mit Natalie Portman. Sarah brachte eine Decke mit. »Falls uns kalt wird«, sagte sie. Uns wurde kalt, aber unter die Decke traute ich mich nicht. Was sie bis heute nicht weiß: Sobald Natalie Portman auf der Leinwand erschien, wollte ich sagen, dass ich sie, Sarah, viel schöner finde. Zu wenig Mut, nichts passierte.

Es sollte noch eine Woche dauern. Am 16. Mai um 15 Uhr rief ich Sarah an. *Kill Bill II* laufe im Kino, ob sie Lust habe. Der Film ist actionreicher, weniger melancholisch als *Was nützt die Liebe in Gedanken*. Vielleicht klappte es deshalb. Nach einer halben Stunde legte ich meine Hand neben ihre. Im Minutentakt schob ich sie näher an Sarahs heran. Mein Herz pochte, ich hatte Angst, Sarah könnte meine Nervosität spüren. Dann kam der entscheidende Moment: Unsere kleinen Finger berührten sich. Sie zog ihren nicht weg. Ich wartete, schob meine Hand ein wenig weiter. Das konnte kein Zufall sein, sie musste meine Finger gefühlt haben. Sie lehnte sich an meine Schulter. Wir starrten auf die Leinwand, keiner wagte, den anderen anzusehen.

Wir verschränkten unsere Finger ineinander, lösten sie wieder, verschränkten sie erneut. Erst als Filmheldin Uma Thurman ihrer einäugigen Gegnerin Daryl Hannah den Garaus machte, küssten wir uns. Es dauerte lange, bis wir damit aufhörten. Wir sagten nichts, als der Film zu Ende war. Sarah fuhr in die WG ihrer Freundin. Am nächsten Abend trafen wir uns. Gleich in dieser Nacht sprach ich aus, was ich mir sehr wünschte: dass sie meine Freundin wird. Endlich.

Sarah und ich waren ein tolles Paar. Und trotzdem habe ich es versaut. Vielleicht war ich zu jung und glaubte, noch was erleben zu müssen. Vielleicht hatte ich Angst, denn mit Sarah hätte es ewig dauern können. Ich denke jeden Tag an sie.

11. GESCHICHTE

Die besten Gäste kommen zum Schluss

*Jan (27), Ethnologiestudent, Berlin,
über
Nicole (27), Tramfahrerin, Berlin*

Es klingt unehrenhaft, verächtlich und armselig. Und was bitte soll Resteficken eigentlich genau sein? Online-Wörterbücher erklären das Phänomen mit dem Ficken und dem Rest so: »Resteficken ist ein derber Ausdruck für die letzte Abschleppmöglichkeit gegen Ende einer Party, um noch eine übrig gebliebene Frau mit ins Bett zu nehmen.«

Ich studiere Ethnologie, nichts worauf man sich etwas einbilden könnte. Viel gelernt habe ich nicht. Außer vielleicht, dass gute Ethnologen viel Feldforschung machen, wobei die »teilnehmende Beobachtung« die Königin unter den Feldforschungsmethoden ist. Einige Ethnologen haben unter kriegerischen Ureinwohnern in finsteren Urwäldern gelebt. Monatelang. Bei mir geht es nur um eine Nacht in einer Prolldisco. Mein Freund Carl, der kein Ethnologe ist, sagt: »Das machen eh alle. Nur sie sagen nicht Resteficken dazu.«

Donnerstagmorgen, auf den Straßen der Stadt beginnt der Berufsverkehr, wir gehen jetzt erst rein. Drin sind die Lichter noch an, man sieht den Rauch über der Tanzfläche stehen, auf der drei zickenbärtige Rocker wippen. Sie sind so breit, dass wir die Frauen nicht genau erkennen, die wir in der Sitzecke am anderen Ende der Tanzfläche vermuten. Um diese Uhrzeit kommt nur Stimmung auf, wenn man total besoffen ist. Oder notgeil. Die Nacht hatte natürlich nicht hier in der »Matrix« angefangen. Bevor wir in dieser Kfz-Mechaniker-Disco an der Warschauer Straße landeten, waren wir in einem anderen Club, in dem die Drinks das Doppelte kosten. Dort waren die Frauen schön und die Männer liquide. Vielleicht sah man uns an, dass wir mit der U-Bahn gekommen waren und die anderen genug Taxigeld hatten. Jedenfalls ignorierten uns Frauen wie Männer. Wir haben den Schickimicki-Laden schnell verlassen, im Spätkauf noch ein Bier geholt und sind in die »Matrix« gefahren.

Die Rocker gehen an die Bar, vom anderen Ende her überquert eine Frau mit sehr weiblichen Formen die Tanzfläche. Gemütlich sieht sie aus. Fröhlich schaukelt sie in kleinen Schritten zum Takt. In der »Matrix« sind die Frauen vielleicht nicht so schön und die Männer sicher nicht so liquide wie in den Edelclubs. Dafür sind die Frauen fröhlicher. Und die Männer sehen gefährlicher aus. Carl fürchtet sich vor den Rockern, die er wegen ihrer T-Shirt-Motive als Freunde des Faustkampfs einstuft.

Ich muss gestehen, dass die Frau mit den weiblichen Formen zu den breiten Rockern passt. Carl nennt sie korpulent. Ich bin mir nicht sicher, ob mollig nicht die bessere Beschreibung ist. Sie ist offenbar eine Frau, die man morgens nach 5 Uhr noch mitnehmen kann. Ich stürze ein Bier hinter, dann einen Wodka. Ich will das heute erledigen. Ich trinke mir die korpulente Dame jetzt schön. In einer Männerzeitschrift habe ich mal gelesen, wer mehr als 20 Frauen hatte, ist um »Resteficken« nicht herumgekommen. Vielleicht stimmt das. Die Dicke wäre Nummer 21. Ich hätte nicht gedacht, dass in Männerzeitschriften die Wahrheit steht.

Carl will gehen. »Du kommst allein klar, oder? Hoffentlich merkt sie nicht, wie du sonst so bist«, sagt er. Da hat er recht.

Normalerweise bin ich überkritisch. Wackelige Egos zerstöre ich in Sekunden. Und wer, wenn nicht die Dicke, sollte ein wackeliges Ego haben? Am besten, ich sage vorsichtshalber nichts. Denn nur wenn die eröffnenden Worte als nett wahrgenommen werden, ergibt sich ein Gespräch. Und erst wenn das gut läuft, kann man es unauffällig in eine intime Plauderei überleiten, die sich bis zum Kuss steigert. Das gilt zumindest im Rest der Stadt. Vor 5 Uhr morgens.

Carl und ich leeren noch einen Wodka, dann verschwindet er. Jetzt gibt es nur noch sie und mich. Ich schaue mir die Dicke genauer an. So dick ist sie gar nicht. Ich mache einen Schritt auf die Tanzfläche – sofort steht sie vor mir.

»Hi, ich bin Jan«, sage ich und ärgere mich. Ob das als erster Satz klug war, selbst hier im Nebel der Trübseligkeit?

»Ich bin Nicole.«

»Willst du noch was trinken?«

»Ja« – und dann: »Möchtest wohl, dass wir uns gegenseitig schönsaufen?«

Wir uns? Ich glaube, ich habe mich verhört. Ich sage nichts. Nicole lacht für uns beide, laut und ungehemmt. Das Eis ist gebrochen, sollte es jemals da gewesen sein.

»Sonst sitze ich um diese Zeit schon in der Tram«, erzählt sie. »Und zwar ganz vorne.«

Nicole ist Straßenbahnfahrerin. Ich finde das angenehm bodenständig, auch wenn ihr Arsch ein wenig danach aussieht, als würde er täglich acht Stunden in einer Tram sitzen.

Nicole fragt, ob es mir hier gefalle. »Das ist nicht so ganz mein Milieu«, sage ich. Ich glaube, sie hält Milieu für eine Farbe. Egal, ich möchte mit ihr ja keinen Lesezirkel besuchen. »Ich habe gerade darüber nachgedacht, ob wir vielleicht woandershin gehen sollten?« Nicole guckt interessiert. Noch haben wir uns nicht geküsst. Nicht mal berührt. Ich ziehe sie auf den Hof, gehe mit ihr zur Warschauer Straße, mache kurzen Prozess und winke – jetzt bloß nicht an der falschen Stelle sparen! – ein Taxi ran. »Wohin fahren wir denn?« Ich habe genug gesoffen: »Zu mir.« Nicole macht es sich auf der Rückbank bequem. Ich setze mich daneben. Wir küssen uns. Küssen kann sie.

Der Taxifahrer rast los. Ich glaube, er ahnt, dass sie und ich nicht unbedingt ein Traumpaar sind. Zu Hause angekommen, geht alles sehr schnell. Beruhigt stelle ich fest, dass mich ihre nackten Brüste auch nüchtern erregen würden. Sie fügen sich in ihre mollige Gesamterscheinung, sie sind rund, ich habe sie gerne in den Händen. Überhaupt macht Nicole ihre Last durch Lust wett. Sie kommt, als ich komme. Hat man auch nicht alle Tage.

Zufrieden wie ein kleiner Buddha sitzt sie in meinem Bett. Sie hat Lust auf ein zweites Mal. Wenn »Resteficks« immer so ablaufen, werde ich meinen Wecker künftig auf 3 Uhr morgens stellen, um dann gut gelaunt in die »Matrix« zu fahren. Dafür, dass ich vor einer Stunde noch Hochprozentiges zum Wohlsein brauchte, ist die Welt inzwischen ziemlich in Ordnung.

Diesmal brauchen wir länger. Als wir fertig sind, zieht draußen die Müllabfuhr die Tonnen über den Hof. Es wird hell. Ich war fast 24 Stunden wach. Schlafen ist alles, was ich jetzt noch kann. Doch Nicole ist richtig in Fahrt. Und entweder hat sie viel Selbstironie oder sie ist unfreiwillig komisch: Als sprächen ihre gewichtigen Oberschenkel nicht schon Bände, erklärt mir meine Eroberung ganz unverblümt: »Du weißt wohl nicht, wen du dir da ins Bett geholt hast. Ich kann ein richtiger Vielfraß sein.« Fast muss ich lachen. Eigentlich nett: eine Dicke, die nicht nur beim Essen einen Nachschlag verlangt, sondern auch im Bett. Ich mag Nicole.

Drei Stunden später wache ich mit einem krassen Kater auf. Wasser trinken, Zähneputzen, betont besorgt auf die Uhr schauen, Notlüge starten: »Ich muss in zwei Stunden meine Großeltern vom Flughafen abholen!« Auch Nicole schwingt sich aus dem Bett. Zum Telefonnummerntauschen bleibt keine Zeit, ich gehe los. Wenn ich zurückkomme, wird Nicole nicht mehr in meiner Wohnung sitzen. Aber ich bin froh, dass ich es mit ihr gemacht habe. Was immer die Leute aus den schicken Berlin-Mitte-Clubs erzählen – über die frühen Morgenstunden in der »Matrix« und vollschlanke Frauen rede ich nur noch gut.

12. GESCHICHTE

Friedensengel

*Ben (28), Geograf, Berlin,
über
Charlotte (27), Geografin, Wien*

Woher andere Männer diesen Mut nehmen, weiß ich nicht. Zumal dem Selbstbewusstsein einiger Typen auch Pickel und ein geringer Wortschatz nichts anzuhaben scheinen. Sie baggern bei Frauen, die drei Ligen über ihnen spielen. Und wenn ihnen ihre erste Wahl einen Korb gibt, versuchen sie es bei der nächsten. Irgendeine wird schon zu haben sein, die zweite, die dritte oder die achtzigste. Mich hat immer gewundert, welche Frau einen Mann nimmt, der zuvor von Dutzenden Geschlechtsgenossinnen abgelehnt worden ist. Dann wurde ich älter und habe festgestellt, Frauen sind so anspruchsvoll nicht: Sie verlieben sich in Kettenraucher, in Altkanzler, in Serienmörder. Oder wie meine Cousine in Mirko, einen Skinhead aus Neubrandenburg.

Obwohl ich also weiß, dass es keinen Grund gibt, vor Frauen Angst zu haben, traue ich mich dennoch nicht, den ersten Schritt zu machen. Vielleicht liegt das an meinem Job. Ich arbeite als Tutor an einer Berliner Hochschule. In meinen Seminaren habe ich jahrelang beobachten müssen, dass sich nicht der Kluge weiblicher Aufmerksamkeit gewiss sein kann, nicht mal der Schöne, sondern der Schleimer, der Hartnäckige, der Opportunist. Frauen stehen auf Männer, die auf sie stehen. Entscheidend ist nicht, ob ein Mann interessant ist, sondern ob er Interesse hat. Egal auf welche Frau man trifft, es dürfte immer einen Mann geben, der gerade mehr Interesse an ihr hat.

Mein Respekt vor dem anderen Geschlecht hat mit den Jahren gelitten. Ich versuche mich auf anderes zu konzentrieren. Auf Basketball zum Beispiel. Bei einem Spiel der Hochschulliga hat mir jemand beim Drehen seinen Ellenbogen ins Gesicht gerammt. Das kann passieren, zumal ich auf dem Spielfeld auch nicht immer zimperlich bin. Ich habe wochenlang in Wartezimmern verbracht und stapelweise *Brigitte*, *Focus* und *Stern* gelesen. Und wieder verfolgte mich das Thema Frauen. Die Zeitschriften sind voll mit Umfragen zu Liebe und Sex. Bedauerlicherweise geben die meisten Frauen an, bei der Partnerwahl seien Wohlstand, Körpergröße und Alter maßgeblich, das männliche Werben schließlich entscheidend. Ein Mann darf reihenweise von anderen Frauen abgelehnt worden sein, er muss auch nicht sexy oder witzig sein. In einigen Umfragen steht, dass für Frauen nicht so wichtig sei, wie ein Mann als Liebhaber ist. Es reiche aus, wenn er reicher, größer, älter ist und sich um die anvisierte Frau bemüht. Leider bin ich nicht nur arm und jung, sondern auch ziemlich gut im Bett. Und ich bemühe mich nicht.

Im *Spiegel* kam der Godfather der Gemütlichkeit zu Wort. Hans Rudolf Beierlein ist der Mann hinter den Stars der Volksmusik. 81 Jahre alt, sechs Jahrzehnte Erfahrung mit dem anderen Geschlecht. Beierlein weiß, wie es läuft. In Bars ließ er weiblichen Gästen vom Kellner seine Karte geben, darauf: »Ich will mit Ihnen schlafen.« Wenn die Dame das auch wollte, sollte sie lächeln, stand auf der Karte. Beierlein behauptet im *Spiegel*, es hätten mehr Frauen gelächelt als nicht. Ich glaube ihm. Schon weil er so schöne Sätze sagen kann wie: »Wenn sich ein Regenbogen in einer Pfütze spiegelt, dann ist für mich der Regenbogen das Thema, nicht die Pfütze.«

Ich habe nicht den Mut des Hans Rudolf Beierlein, eine Niederlage würde ich nicht wegstecken. Folglich versuche ich es gar nicht erst. Gerade weil weibliche Anspruchslosigkeit eine Wissenschaft für sich ist, muss ein Korb besonders erniedrigend sein. Man wird ja nicht von Scarlett Johannsen abgelehnt, sondern höchstwahrscheinlich von einer Frau, die sich in ihrem Leben schon mit dem einen oder anderen Trottel eingelassen hat.

Wer Körbe kriegt, leidet außerdem unter Selbstüberschätzung. Denn niemand macht eine Frau in dem Wissen an, dass sie ihn ablehnen wird. Er hat sich eine Chance ausgerechnet, sich also für gefragter gehalten, als er auf dem Geschlechtermarkt tatsächlich ist. Wie peinlich. Männer, die Körbe bekommen, waren bei ihrem Anmachversuch entweder größenwahnsinnig oder verzweifelt, so wie ein hungriger Wolf, der auf der Suche nach Nahrung in Städte eindringt, obwohl er ahnt, dass er dort abgeknallt wird. Macker sagen: Körbe sind eine unvermeidbare Begleiterscheinung. Das finde ich falsch. Man muss nur die Richtige treffen.

Sie hatte sich für eine auf ein Jahr befristete Projektstelle bei uns im Institut beworben. Ich hatte mich schon in das Bewerbungsfoto verliebt. Ihr dazugehöriger Lebenslauf las sich wie die Geschichte einer modernen Jeanne d'Arc. Studienreisen in die Dritte Welt, Resozialisierungsprojekte für Sträflinge, Rettungsaktionen für Schildkrötenbabys an den Küsten Costa Ricas. Und erst ihr Name. Ich drängte meinen Chef, die Stelle sofort Charlotte zu geben. Nach dem Bewerbungsgespräch war auch mein Chef in sie verliebt.

Ich sollte Charlotte das Institut zeigen, mit ihren Unterlagen in der Hand lief ich mit ihr durch das Haus. Sie war so toll, dass ich den Haken suchte. »Wo wohnst du eigentlich?«, fragte ich, während ich ihr erklärte, wie man am schnellsten zur Bahn kommt. »Bornholmer Straße«, sagte sie. »Nette Gegend, aber da kriegt man doch keine bezahlbaren Wohnungen«, stellte ich nicht ohne Absicht fest: Wohnte sie allein, mit Freund oder in einer WG? »Wir sind zu zweit, da geht die Miete dann.« Scheiße, sie hat einen Freund. »Ich bin zwar nicht immer flüssig, aber sie hat einen gut bezahlten Job«, schob Charlotte nach. Puh, eine Mitbewohnerin! Oder ist sie lesbisch? Meine Testbemerkung war nicht wirklich subtil, aber wirksam. »Eine gute Freundin von mir«, erklärte ich, »ist neulich auch mit ihrer Freundin nach Prenzlauer Berg gezogen. Die wollen jetzt ein Kind adoptieren.« Charlotte guckte auf: »Soll das ein Test sein? Also lesbisch bin ich nicht. Noch nicht.« Kein Freund weit und breit, es war offenbar schon lange her, dass sich Charlotte für jemanden interessiert hat. Mein Herz hüpfte.

Wir kamen wieder im Büro an, ich legte ihre Bewerbung auf den Tisch des Sekretariats. Auf dem Bewerbungsfoto sah sie aus wie Naomi Watts. Das habe ich ihr gesagt. Mehr nicht. Kann man besser aussehen als Naomi Watts? Charlotte erwiderte nichts. Auch in den folgenden Tagen deutete nichts daraufhin, dass mein äußerst mutiges Kompliment irgendeinen Effekt gehabt hätte. Wochen vergingen, nichts passierte. Findet sie Naomi Watts vielleicht langweilig? Oder mich zu oberflächlich? Sah sie denn nicht, wie gut wir zusammenpassten?

Aus lauter Ratlosigkeit machte ich einen auf Drübersteher. Immer Durchblick haben, ahnungslos sind die meisten anderen schon genug. Charlotte machte keine Anstalten, über meine zynischen Witze zu lachen. Immerhin taten das alle anderen Frauen der Abteilung. Nach zwei Monaten bat mich der Chef, einen nicht ganz unwichtigen Drittmittelantrag samt Forschungskonzept und Finanzplan vorzubereiten. Ich konnte jemanden aus der Abteilung bestimmen, der mir dabei helfen sollte. Ich schrieb Charlotte eine E-Mail. »Versteh mich nicht falsch, aber vielleicht können wir uns dazu bei dir oder mir zu Hause treffen, das ist wahrscheinlich bequemer. Aber keine Sorge, soll kein Date werden.« Charlotte antwortete: »Wieso eigentlich nicht.« Hatte sie das Treffen oder das Date gemeint?

Schließlich saßen wir bei ihr in der Küche. Die Wohnung war so schön wie sie. Wir sprachen über die Abteilung, die Kolleginnen, meine Wut auf Frauen, zumindest die vielen Anspruchslosen un-

ter ihnen. Zu ihr sagte ich: »Du zählst ehrlich gesagt nicht dazu, Charlotte, dich finde ich schon besser als die anderen.«
»Aha.«
»Scheint dich ja nicht besonders zu interessieren.«
»Doch, doch.«
»Aber?«
»Wenn du mich eigentlich ganz gut findest, warum zeigst du das dann nicht?«
»Ich finde Komplimente und Einladungen und das ganze Zeug zu aufdringlich, außerdem sollten Frauen mal selbst ihre Interessen deutlich machen.«
»Stimmt vielleicht, aber du bist ein wenig überkritisch.«
»Wieso?«

Charlotte nahm sich viel Zeit, zum Drittmittelantrag kamen wir nicht mehr. Sie hat ein bisschen ausgeholt und mir das mit den Frauen so erklärt: Niemand erwarte von einem Gerüstbauer, dass er sich den *FAZ*-Finanzteil durchliest. Und niemand käme auf Idee, einem Zehnjährigen vorzuwerfen, er habe keine Ahnung von Immobilien. Nur weil man für die Wohnungssuche lieber einen Makler statt einen Grundschüler anheuere, betreibe man folglich noch keine Altersdiskriminierung. Und so ähnlich sei das auch mit Frauen. Innen-Schreibweise und Frauenquote könnten eben nicht wettmachen, dass 80 Prozent aller Professoren, Dax-Konzern-Bosse und Spitzenbeamten männlich seien. »Die Welt ist ungerecht, du kannst von Frauen nicht das Gleiche erwarten wie von Männern«, erklärte Charlotte. »Historisch gesehen sind wir noch nicht an dem Punkt, an dem Frauen ausreichend emanzipiert sind und gänzlich auf männliches Werben verzichten können.«

Ich hatte verstanden. Sie selbst sei da keine Ausnahme, sagte Charlotte. Sie hätte sich schon gewünscht, mir wäre mehr über die Lippen gekommen als der Naomi-Watts-Vergleich. »Aber nun weiß ich ja, dass das bei dir eine grundsätzliche Skepsis ist. Darum will ich mal nicht albern sein.« Dann wurde ihre Stimme ganz sanft: »Willst du heute Nacht hier schlafen?« Damit hatte ich nicht mehr gerechnet.

Charlotte wusste, was sie wollte. Fortan trafen wir uns ein, zwei Mal die Woche nachts. Bis ich fragte, ob mehr aus uns werden könnte. Ja, das kann auch Männern passieren. Nein, Charlotte hielt das für eine »kurzsichtige Idee«. Wenig später lief ihre Projektstelle aus. Sie wohnt jetzt woanders, aber wenn sie in Berlin ist, treffen wir uns auf einen Kaffee. Versöhnt mit Frauen habe ich mich nicht. Aber ein klein bisschen Frieden ist eingekehrt.

13. GESCHICHTE

Amerikanische Mundart

*Jonas (30), Grafiker, München,
über
Amy oder Jamie (Ende 20), Mississippi*

Vier Freunde. Drei Wochen. Zwei Länder. Ein Auto. Einen Roadtrip durch Nordamerika wollten wir schon immer machen. Eines Sommers fliegen Hagen, Ersan, Carsten und ich nach New York. Von einer Autovermietung in Manhattan soll es bis nach New Orleans gehen. Nach Washington verlassen wir die dicht besiedelte US-Ostküste und fahren durch tiefste Provinz, an Kleinstädten, Dörfern, Truckstops vorbei. Genau das war der Plan. Bis New Orleans nur noch richtige Klischeeamerikaner, dick und drollig. Von früheren Reisen kannten wir die amerikanischen Küsten, die multikulturellen, liberalen Großstädte. Diesmal wollten wir sehen, wo die Bush-Wähler lebten, die gottesfürchtigen Farmer, der Ku Klux Klan.

Jeden Abend parken wir den Mietwagen vor einem anderen Motel: Kaffee, Duschen, unters Volk. An einem Samstag verlassen wir kurz nach 20 Uhr irgendwo in Mississippi den Highway. Nahe der Abfahrt wird eine Kleinstadt ausgeschildert. Eine knappe Stunde später machen wir uns in einem Motel einen Kaffee, gehen duschen, putzen uns die Zähne. Selbst hier im Nichts, zwischen bemoosten Bäumen und klapprigen Holzhäusern wollen wir den Einheimischen in gepflegtem Zustand begegnen.

Das Begegnen stellt sich als nicht ganz einfach heraus. Auch an einem Samstagabend ist in einem Südstaatenkaff nicht viel los. Eigentlich gar nichts. Die Straßen sind leer, an einigen Hütten sind die Fenster und Türen mit Brettern zugenagelt. Zwischen Baumwollfeldern und Gehöften sind manche der Häuser kaum größer als die Pick-up-Trucks, die neben ihnen parken. Sie werden *shotgun houses* genannt, Schrotflintenhäuser. Man erzählt sich, dass der Begriff aus der Bürgerkriegszeit stammt: Kurz bevor auf ein Haus geschossen wurde, öffneten die Bewohner vorne und hinten die Türen, manche Kugel sei einfach hindurchgeflogen. Einige haben auch heute noch die Südstaatenflagge aus der Zeit des Bürgerkriegs an ihren Autos. Und daneben einen Bibelspruch.

Wir fahren die menschenleeren Straßen der Gemeinde ab. Erst ganz am Ende des Ortes, neben einem riesigen Parkplatz, fällt uns eine Baracke auf. Eine blinkende Leuchtreklame wirbt für Poolbillard. Der Laden ist als einziger offen. Ein junger Mann in T-Shirt und Jeans, etwa 30 Jahre alt, sitzt neben der Tür und nickt uns zu. Wir nehmen am ziemlich leeren Tresen Platz. Der Typ hat offenbar schon ein paar Bier getrunken. Selbst für einen Weißen ist er ziemlich blass, denke ich, als er auf uns zukommt. Alle anderen Gäste bleiben schweigend sitzen.

Den Bundesstaat Mississippi hat der Typ in 30 Jahren nur fünf Mal verlassen. Dreimal fuhr er in den Nachbarstaat Tennessee, einmal nach New Orleans, zuletzt war er in Florida. »Alles voller Latinos dort«, sagt er. Einwanderer aus Südamerika sind bei ihm nicht so angesagt. Die nehmen den Amerikanern die Jobs weg. Den Namen von US-Präsident Barack Obama darf man in seiner Gegenwart nicht erwähnen. Der sei eine schwarze Schwuchtel. Hier unten lebten die ehrlichen Farmer, erzählt der Typ, im Norden nur die reichen Betrüger. Dazu muss man wissen: Ein Bürger in New York bekommt im Schnitt 4000 Dollar monatlich, in Mississippi sind es keine 2500.

In der Billardkneipe sitzen die Schwarzen in weiten Hosen und einfachen T-Shirts auf der einen, die Weißen in engeren Jeans und gemusterten Hemden auf der anderen Seite. Eine Gruppe gut genährter Frauen sitzt an einem runden Tisch in der Mitte. Eine von ihnen läuft gut gelaunt zwischen beiden Seiten hin und her. Sie ist wahrscheinlich die einzige Weiße, die nicht beim Ku Klux Klan ist. Als sich die Frau ein neues Bier an der Bar holt, prostet sie mir zu. Ich lächele zurück. Sie setzt sich neben mich.

Man kann sagen, »weibliche Rundungen« beschreibt ihre Gestalt ganz gut. Ihren Namen kann ich mir nicht merken. Ich habe ihn auch später nicht rekonstruieren können. Amie oder Jamie oder so was. Auf Nachfrage erzähle ich, dass ich aus Deutschland komme, vor zwei Jahren schon mal an der Westküste war und nun mit meinen Freunden eine Tour durch die Südstaaten mache. Amie/Jamie ist begeistert. Von der Welt hat sie bisher vor allem die Dörfer am Mississippi gesehen, sie entpuppt sich aber als neugierige Frohnatur. Die anderen drei unterhalten sich ebenfalls mit Frauen, wobei sich in Sachen intime Kontakte bei ihnen an diesem Abend nichts mehr ergeben wird. Auffällig sei, sagt Hagen später, dass die Hüften der Frauen in Mississippi zwar etwas breiter sind, dafür könne man das Gleiche aber auch über ihr Lächeln sagen. Schönheit ist eben auch eine Sache der Einstellung, wobei natürlich auch dann nichts gegen weiblichere Hüften spricht, wenn die dazugehörige Frau nicht lächelt.

Amie/Jamie lächelt viel, als ich von der großen, weiten Welt erzähle. Dass ich im Nahen Osten war, findet sie »crazy«, ich lege nach und erwähne lange Flüge nach Afrika und Australien. Später sagt mein Freund Hagen, das Gespräch hätte sich auch um das Wetter drehen können, denn Amie/Jamie haben als Beweis unserer Coolness unsere T-Shirts gereicht.

Tatsächlich gesteht mir meine Einheimischenbekanntschaft nach etwa 20 Minuten, was sie in dem Augenblick dachte, in dem wir die Billardkneipe betreten haben. »Wow, stylish people!«

Wobei mit »stylish« kein Zwirn von Gucci oder Armani gemeint sind, sondern T-Shirts und Jeans der schwedischen Klamottenkette H&M. Aber wahrscheinlich ist für Amie/Jamie schon der entscheidende Unterschied, dass wir keine Gummistiefel tragen.

Mit bedeutungsschwerem Tonfall erzählt sie mir, dass sie als einzige Weiße weit und breit Obama als Präsidentschaftskandidaten unterstützt hat. Mir wird mit einiger zeitlicher Verzögerung bewusst, dass dieses Geständnis in Mississippi ein Vertrauensbeweis ist. Wahrscheinlich ist es dabei passiert, vielleicht auch nur, weil Amie/Jamie mir ein paar »Dschägamaistar« (diesen deutschen Kräuterschnaps gibt es dort tatsächlich!) spendiert. Ich lege meine Hand auf ihr Knie. Nach ihrem Outing als Obama-Fan hat sie mit einer Intensivierung der Nähe gerechnet. Sie fasst mir an die Hüfte. Würde Amie/Jamie mir an diesem Abend vielleicht noch in unser Motel folgen? Ich würde ein Extra-Zimmer mieten. Vielleicht wohnt sie auch in einer alten Sklavenhaltervilla auf einer Plantage, oder hat sie einen Pick-up-Truck?

Offenbar weder noch. Denn Amie/Jamie zieht mich zur Tür. Sie wolle mir etwas auf dem Parkplatz zeigen, sagt sie. Was dann passiert, gibt es wahrscheinlich nur in den USA, vermutlich ist es eine Südstaaten-Spezialität. Auf dem Parkplatz dirigiert sie mich zwischen zwei Autos. Ohne Worte, ohne Küssen, ohne Fummeln geht sie in die Knie und öffnet meine Hose. Diese Frau hat ein Bedürfnis. Ich traue meinen Augen nicht, als ich Amie/Jamie vor mir knien sehe. Alles um sie herum scheint sie völlig vergessen zu haben. Sie konzentriert sich nur auf das, was sie im Mund hat.

Sie schafft mich schnell. Ich kann kaum fassen, was eben passiert ist. Amie/Jamie steht auf, fragt mich, ob alles gut sei. »Ye..., yes«, stottere ich. Als würde sie auf diese Art regelmäßig ihre Abende verbringen, hakt sie sich bei mir unter und führt mich in die Billardkneipe zurück. Sichtlich zufrieden setzt sie sich an den Tresen. Ich verabschiede mich von ihr. Amie/Jamie sagt unaufgeregt: »Bye, take care.«

Hagen hat nichts getrunken und fährt uns in unserem Mietauto zurück ins Motel. Wenig später liege ich im Bett und falle in einen tiefen Schlaf. Neun Stunden später fahren wir weiter, bis New Orleans sind es noch zwei Tage. Zurück in Deutschland habe ich mir auf einer Landkarte angeschaut, wo genau der Ort liegt, in dem ich auf den Parkplatz geführt worden bin. Irgendwo im Nirgendwo. Amie/Jamie habe ich nie wieder gesehen. Hagen, Ersan, Carsten und ich planen inzwischen die nächste Reise.

14. GESCHICHTE

Eine Liebeserklärung machen

*Alexander (18), Schüler, Langenfeld,
über
Katharina (18), Schülerin, Langenfeld*

Man kann nicht alles haben. Es ist einfach nicht sehr wahrscheinlich, dass man gleichzeitig ein tiefgründiger Schreiber und ein lässiger Checker ist. Zumindest nicht in den Augen 18-jähriger Mädchen. In unserem Alter zählt Tiefgründiges wenig, Coolness ist alles. Wenn ich nach fast zwölf Jahren Schule eines gelernt habe, dann das: Je cooler du bist, umso hübscher die Frauen, die du küsst. Zugegeben, es ist ein billiger Reim, aber deshalb ist der Spruch nicht falsch. Der Rebell meiner Klasse, der schon als 13-Jähriger mit dem Rauchen anfing, hat die Schönste der ganzen Stufe. Der Sänger der Schulband hat die Nummer zwei, der Fußballkönig die Dritthübscheste. Ich hatte bis vor wenigen Wochen keine Freundin und war Jungfrau. Zwar weiß ich, dass Jungen ihr erstes Mal statistisch mit 17 Jahren haben und ich mit knapp 18 nicht eklatant abweiche, aber ich wurde langsam ungeduldig.

Leider kann man Coolness nur schwer trainieren, denn für echte Coolness müssen diejenigen, die mit ihr gesegnet sind, nichts tun. Sie ist einfach da. Wer sich um sie bemüht, erntet höchstens Mitleid. Rein äußerlich unterscheidet mich wenig von den

Coolen: Zahnspange, Brille oder Akne hatte ich nie. Doch als so richtig cool gelte ich nicht – ich bin immer etwas abseits von den wichtigen Leuten und den aufregenden Orten.

Aber auch Außenseiter können erfolgreich sein. Das hat mich ein Blick in die Geschichte gelehrt. Napoleon kam aus Korsika, das damals noch nicht mal richtig zu Frankreich gehörte, der Weg ins Zentrum der Macht nach Paris war weit. Stalin kam aus Georgien, er war Kaukasier und kein Russe, der Weg in den Kreml nach Moskau war noch weiter. Ich komme aus Langenfeld, der Zug nach Köln braucht nur 30 Minuten. Für mich aber war damit bald Größeres verbunden.

Ich wollte immer raus aus Langenfeld. Deshalb habe ich mich für ein Fachabitur am sozialpädagogischen Berufskolleg in Köln entschieden. Dafür nehme ich in Kauf, montags bis freitags zu unmenschlichen Zeiten aufzustehen. Um 6 Uhr klingelt mein Wecker, um 6.55 Uhr geht der Zug. Köln kennt jeder, wegen des Doms, wegen des Karnevals, wegen RTL. Langenfeld muss man nicht kennen. In Langenfeld lesen die Leute die *Rheinische Post*, die noch ein Dutzend weitere Kleinstädte mit Lokalberichten versorgt. In Köln haben die Leute den *Kölner Stadt-Anzeiger*, viele greifen auch zu großen Blättern, der *Süddeutschen Zeitung* oder der *Frankfurter Rundschau*. In Langenfeld gibt es Eiscafés, in denen kleine, klebrige Tetrapaks mit dicker, gelblicher Kaffeesahne stehen. In Köln nimmt man Milch zum Kaffee, meist ist sie aufgeschäumt.

Am ersten Schultag des vergangenen Schuljahres, einem Montag, steht sie um 6.50 Uhr neben mir auf dem Bahnsteig. Sie ist das einzige Mädchen, das ich kenne, das ganz uneitel einen grünen Parka trägt und Automatenkaffee trinkt. Wer Automatenkaffee trinkt, verbringt die Sommerferien nicht mehr mit seinen Eltern. Sie wohnt ebenfalls in Langenfeld und muss nach Köln zur Schule, wenn auch leider nicht auf meine. Schon zwei Tage später kommen wir ins Gespräch, weil der dicke Hund einer dicken Frau die

Zugtür blockiert. »Da haben Frauchen und Hund wohl beide das gleiche Hobby«, sage ich. Sie lächelt und vermutet, dass die Frau den Hund nur überfüttert, damit sie selbst nicht so dick wirkt. Lästern ist der Lackmustest des Näherkommens. Wer lästert, schämt sich vor dem anderen nicht. Sie heißt Katharina.

Donnerstag und Freitag fahren wir wieder zusammen. Das Wochenende war zäh, ich konnte den Montag kaum erwarten. Eine weitere gemeinsame Woche voller Zugfahrten haben gereicht und ich weiß: Das ist sie, das soll meine Freundin werden. Ich wurde schöpferisch, dachte mir Reime aus und intensivierte meine Neigung zu Kurzgeschichten. Ich wollte Großes vollbringen – ich wusste nur noch nicht genau was. Bis dahin sang ich erst mal, unter der Dusche, beim Anziehen, auf dem Weg zum Zug. Liebe ist, wenn man Tag und Nacht singen möchte, ohne Honorar und Manager. Das hat Frank Sinatra mal gesagt. Ein großer Psychologe, der Mann. Von ihm soll auch stammen: Der beste Beweis für Menschenkenntnis ist stille Mordlust.

Jeden Morgen im Zug hätte ich es ihr am liebsten sagen wollen: »Du, Katharina, ich weiß, wir kennen uns noch nicht lange, aber ich glaube, ich kenne dich schon ausreichend gut, um sagen zu können: Ich liebe dich!« Ich musste diese Botschaft gut verpacken und äußerst schonend überbringen. Minnesang à la Sinatra schied aus, meine Talente lagen ohnehin woanders. Ich schrieb unter dem Arbeitstitel *Der Weg* einen Kurzroman.

Die Geschichte ist schnell erzählt: Sascha ist ein Außenseiter, kommt aus Polen und will an einer deutschen Spitzenuniversität eine große Nummer werden. Der Selbstmord des Vaters daheim hat ihn zu einem verbissenen Studenten gemacht. Als junger Professor stellt er dann fest: *It's lonely at the top*. Er fährt auf Sinnsuche in die Heimat und will seine heimliche Jugendliebe Jasmin besuchen. Doch sie lebt nicht mehr in Polen, sondern ebenfalls in Deutschland, zusammen mit einem karrieregeilen Arzt, der seinem Aufstieg alles geopfert hat: seinen schlanken Bauch zum

Beispiel, weil er nach den Zwölf-Stunden-Schichten abends nur noch auf der Couch sitzt. Statt gesünder zu leben, kauft der Arzt einfach eine breitere Couch. Aus Kalbsleder, Geld ist schließlich vorhanden. Jasmin glaubt nicht mehr, was sie sich in den vergangenen Jahren eingeredet hat, nämlich, dass der Arzt die Liebe ihres Lebens wäre. Auch Sascha glaubt nicht mehr, was er sich in den vergangenen Jahren einzureden versucht hat, nämlich, dass es keine Liebe gäbe. Die beiden treffen sich, als er aus Polen zurückkommt, zufällig am Kölner Hauptbahnhof. Ende gut, alles gut.

Ich habe von schweißgebadeten Jungen gehört, die angebeteten Frauen ehrliche Briefe, ehrliche E-Mails, ehrliche SMS schrieben. Das ist gewagt, denn dadurch setzt man einem möglicherweise noch unsicheren Mädchen die Pistole auf die Brust. Und das auch noch schriftlich, also für alle Ewigkeit unleugbar. Ich hingegen habe nur einen netten Text geschrieben, nicht ganz absichtsfrei zwar, aber auch nicht bloß, um Katharina zu imponieren, sondern um mich mitzuteilen, ohne sie zu einer Entscheidung zu zwingen.

Katharina liest den Text nicht sofort. Damit habe ich gerechnet, denn als Liebesbrief kann sie das Manuskript nach meiner Darreichung an einem Dienstag nicht auffassen: »Würde mich sehr freuen, wenn du das irgendwann mal liest, falls du Zeit hast. Und sei kritisch! Vielleicht habe ich zu wenig Talent und sollte mir lieber ein Skateboard kaufen.« Katharina lacht. Eine knappe Woche später, an einem Montag nach einem langen Wochenende, betrete ich um 6.53 Uhr den Bahnsteig in Langenfeld, sie steht schon da, einen Automatenkaffee in der Hand.

»Hast du den Text allein geschrieben?«

»Ja«, antworte ich. Der Zug rollt ein.

»Wie bist du darauf gekommen?«, fragt Katharina.

»Ich wollte schreiben, was mich bewegt oder mal bewegen könnte. Obwohl ich das Ganze bewusst in anderen Kreisen angesiedelt habe.«

»Wem hast du den Text noch zum Lesen gegeben?«

»Niemandem. Noch.« Sie soll ruhig wissen, dass ich ihr als Erste meinen Text anvertraut habe, gleichzeitig aber nicht denken, dass ich ihr in kalter Berechnung einen getarnten Liebesbrief geschrieben habe. Der Zug hält. »Ich bin heute Abend im ›Music‹. Willst du auch kommen?«

Als ich ins »Music« komme, sitzt sie schon da, ein Weinglas vor sich. Ich bestelle Kiba. Ist mir egal, ob das jetzt komisch ist oder nicht. Ich mag Kiba. Katharina erzählt mir, dass sie der Text beeindruckt hat. Ob ich wie meine Hauptfigur denken würde? Ich werde ein bisschen rot, Katharina wartet meine Antwort nicht ab. Wir seien uns sehr ähnlich, das wisse sie nun, denn wahre Liebe würde auch sie Sicherheit und Wohlstand vorziehen. Sie sagt das so klar, als wäre sie meine Deutschlehrerin. Das war's so weit, mein Manuskript hat zu meiner ersten Freundin geführt. Erster Kurzroman, erstes Mal, erste Liebe, manchmal hat man eben doch alles auf einmal.

15. GESCHICHTE

Mut gezogen

*Jens (32), Logopäde, Hannover,
über
Susi (Ende 20)*

Ich bin ein Kind von Traurigkeit. Es gibt keinen Typen, der weniger mit mir zu tun hat, als der des Aufreißers. Ich bin bescheiden und unentschlossen. Und obwohl ich einen angenehmen Job und intelligente Freunde habe, stehe ich nicht im Leben. Vor großen Aufgaben fürchte ich mich, Diskussionen meide ich, Streit habe ich nie – aus Angst, den Kürzeren zu ziehen. Eine Frau ansprechen? Dazu müsste ich mich in ihrer Nähe aufhalten. So weit kommt es nicht.

Das erste Mal hatte ich mit 21 Jahren, was so außergewöhnlich spät nicht ist. Doch hätte sie sich meiner nicht angenommen, wäre ich vielleicht immer noch Jungfrau. Sie war eine Exmitschülerin, nennen wir sie Lena, und hat mich gefragt, was bei mir eigentlich mit den Frauen los sei. »Nicht so viel«, habe ich geantwortet, etwas eingeschüchtert, denn Lena hatte schon in einigen Betten gelegen. Sie hat sich meiner angenommen. Wir wurden ein Paar, wobei Lena einfach sagte, dass wir von nun an zusammen seien. Ich war so dankbar, dass ich ihr nie widersprochen hätte. Sie war verständnisvoll und hat mir erklärt, dass Frauen eher den Hahn im Korb wollen. Nach ein paar Jahren mit mir zog sie weiter, zu einem anderen. Auch Lena wollte irgendwann einen Aufreißer.

Danach hatte ich keine Freundin mehr. Die Jahre gingen ins Land. Mein Freund Janosch machte sich große Sorgen. Obligatorisch schleifte er mich in Bars mit zweifelhaftem Ruf. Ich trank viel Bier. Irgendwann hatte ich zaghafte Affären mit zaghaften Frauen. Die enthemmten Frauen vergnügten sich mit anderen Männern. Eine Sau will einen Eber. Und ein Eber bin ich nicht. Ich bin eher ein Rehbock. Ein angeschossener.

Janosch weiß das. Er formuliert es so, vielleicht weil er Werbetexter werden will: »Früher sind Asthmatiker gestorben, heute gibt es Sprays.« Das mit den Werbesprüchen übt er noch, ich verstehe nicht, worauf er hinauswill. Janosch legt nach: »Und wer nicht einschlafen kann, darf sich ab und zu auch mal eine Schlaftablette gönnen.« Ich begreife ihn erst, als er die Vergleiche sein lässt. »Du sollst es ja nicht zum Frühstück nehmen, sondern nur, um zu bestimmten Anlässen deine Angst loszuwerden und dadurch positive Erfahrungen zu sammeln.« *Es?*

Janosch hat *es* selbst noch nie genommen. Der Dealer sagt ihm, ein halbes Gramm reiche für uns zwei. Netter Dealer. Das weiße Pulver liegt drei Monate in meinem Kühlschrank, in einem Tütchen, drumherum Alufolie. Kokain – so weit ist es schon. Doch wer nicht wagt, der nicht gewinnt. Und ich wage nie. Außer an dem Wochenende, an dem wir es das erste Mal probieren. Janosch und ich fahren zu einem Open-Air-Festival, eine dieser Massenveranstaltungen mit Tausenden Besuchern. Ich bin aufgeregt, es ist mein erstes Festival. Und meine erste Line. Ich will Drogen nicht verharmlosen, es gibt gute Gründe für das Betäubungsmittelgesetz. Kokain macht seine Konsumenten nicht gesünder, es macht auch nicht schlauer oder schöner. Es macht auf Dauer krank, dumm und hässlich. Aber auf kurze Sicht wirkt es enthemmend. Und auf Dauer will ich es nicht nehmen.

Für das Festival haben Janosch und ich einen alten Ford-Transporter von meinem Schwager geliehen. In dem Ford schlafen und essen wir. Bevor wir das Koks auspacken, sagt Janosch amüsiert:

»Wenn du eine kennenlernst, schlafe ich draußen auf der Wiese.« Na hoffentlich. Ich meine, das mit dem Kennenlernen. Es ist 3 Uhr nachts, wir sitzen in dem alten Ford, auf der Pritsche liegt ein schwerer ADAC-Atlas. Die Zeremonie kann beginnen. Eine goldene American Express haben wir nicht, um das weiße Pulver in eine dünne Linie zu schieben. Wir haben eine EC-Karte von der Sparkasse Hannover. Und als Janosch »Hol mal 'nen Schein« sagt, ist das Höchste, was sich in unseren Portemonnaies findet, eine 20-Euro-Banknote. Das eigentliche Ziehen geht erstaunlich einfach, Nasenflügel und Rachen sind danach etwas betäubt. In mir macht sich eine Selbstzufriedenheit breit, die ich nicht kenne.

Janosch philosophiert noch fünf Minuten über die Geschichte der Menschheit als einen ständigen Prozess der Nutzbarmachung von Chemikalien – Asthmaspray, Vitamintabletten, Kokain – und ist nun vollends davon überzeugt, dass das weiße Pulver genau das richtige Mittel gegen chronische Gehemmtheit ist. Mich drängt es auf die mit zuckenden Menschenmassen gefüllte Tanzfläche.

In dem Getümmel unter freiem Himmel verliere ich Janosch. Die Zeit verfliegt, doch ich sehe alles sehr klar. Ich kann nicht beschreiben, was ich fühle. Selbstzweifel sind es nicht. Ich strande an einem Freilufttresen mitten auf dem Gelände. Es dürfte inzwischen fast 5 Uhr morgens sein, aber immer noch bestellen Scharen verschwitzter Tänzer vorzugsweise hochprozentige Mixgetränke.

Ein leichter Schweißfilm glänzt auf ihrer Stirn, sie trägt einen Rock und ein Herrenunterhemd, was sie sich wegen ihres schönen Körpers leisten kann. Die Plastik-Federboa um den Hals hätte sie sich schenken können, meine Aufmerksamkeit wäre ihr auch gewiss, wenn sie einen Kartoffelsack tragen würde. Sie steht hinter mir in der Schlange am Tresen. Drei Männer neben ihr wippen in den Knien. Sie wirken seltsam zufrieden, blicken über die tanzende Menge zum Horizont. Nur sie bewegt die Arme zum Rhythmus, als würde sie Schlagzeug spielen. Sie sieht sexy aus, eine Frau aus der 1. Liga. Doch ich bin nicht eingeschüchtert, von Hemmung keine Spur. »Wahnsinnig aufgeheizte Stimmung hier, oder?«, frage ich die Fremde. »Ja, ist geil. Die Stimmung, die Musik, die Leute«, sagt sie und tanzt weiter. »Willst du was trinken?«, frage ich, weil sich der Typ hinterm Tresen gerade zu mir dreht. »Gibt es Kamillentee? Ich bin so aufgekratzt«, sagt sie. Tee gibt es nicht. Wir nehmen Wasser.

Nachdem sich meine damalige Freundin Lena von mir getrennt hatte, habe ich einen Bekannten getroffen, der in meiner Heimatstadt als Aufreißerkönig galt. Ich habe all meinen Mut zusammengenommen und ihn gefragt, wie er die Frauen ins Bett bekommt. »Einfach fragen«, hatte er geantwortet. Wieso mir das gerade jetzt einfällt? Ich drehe mich zu meiner tanzenden Bekanntschaft: »Wie heißt du eigentlich?« Sie heißt Susi. Die Musik wummert. Ich bin entspannt. Gelegenheit macht Liebe. »Schöner Name, aber noch schöner ist dein Mund.« Sie lächelt, wippt zum Rhythmus, wischt sich den Schweiß von der Stirn, lächelt wieder. Was soll's, ich sehe sie nie wieder: »Susi, wenn ich dich so angucke, denk ich eigentlich nur an eines: Ich würde dich gerne mal in den Mund ficken.«

Eine Ohrfeige hätte ich verdient. Und das Glas Wasser ins Gesicht. Susi aber schaut mich an, kneift die Augen zusammen, hört zu tanzen auf: »Hmm, das kann ich verstehen, ich bin schon eine richtig geile Drei-Loch-Stute.«

Ich schlucke. Drei-Loch-Stute. Ich kann es nicht fassen. Und als führten wir das normalste Gespräch der Welt, erklärt mir Susi nachdenklich: »Da gibt es nur ein Problem, mein Freund steht neben mir.« Sie nickt mit dem Kopf nach links. Ohne mich auch nur einen Millimeter zu bewegen, erahne ich in meinem Augenwinkel einen großen Lockenkopf, der in die aufgehende Sonne blinzelt. Er starrt so konzentriert in den Himmel, dass er gar nicht mitbekommen hat, dass seine Freundin in ein Gespräch verwickelt worden ist. Vermutlich hat er eine komplette Haschplantage leergekifft. »Also, ich glaube, deinem Liebsten ist egal, was ich mit deinem Mund mache«, stelle ich fest. »Wenn du meinst«, erwidert sie, nimmt meine Hand und zieht mich in den Birkenhain hinter der Bar. Ihr Freund und seine Kumpels starren weiter in die Baumwipfel. Hoffentlich wachen die nicht aus ihrem Stehschlaf auf.

Was Susi in dem Wäldchen mit mir macht, kenne ich genauso aus einschlägigen Filmchen. Sie kniet sich auf den Waldboden, öffnet meine Hose; ich hätte nie gedacht, dass ausgerechnet ich unter solchen Bedingungen eine Erektion bekomme. Doch es sieht von oben ganz danach aus.

Es ist schon komisch. Hunderte Menschen tanzen keine 20 Meter neben mir unter der Morgensonne, während eine Frau vor mir kniet, die ich erst seit einer Minute kenne und deren Freund nicht weit weg von uns friedlich in den Himmel schaut. Das kann nicht nur an den Drogen liegen. Als ich sehe, dass sich Susi den Rock hochzieht und an sich selbst spielt, verfliegt auch mein bisschen Restnervosität. Sie bekommt fast nicht mehr mit, als ich komme. Ihren Orgasmus wiederum hören die Leute am Tresen nur deshalb nicht, weil der DJ die Bässe hochzieht.

»Puh«, sagt sie. »Das war ganz schön doll.« Sie sitzt im Laub. »Was machen wir jetzt?«, frage ich und bin schon wieder etwas ängstlicher. »Keine Ahnung«, sagt sie. »Ich muss mal gucken, ob meine Leute noch da sind.« Mein Gott, die hat Nerven. Susi läuft los, dreht sich noch mal um und zwinkert mir zu. Ob ich noch mit tanzen kommen wolle? »Nein, lieber nicht. Dir viel Spaß!« Da geht sie hin. Bald habe ich sie im Gedränge aus den Augen verloren. Auf das Festival fahre ich nächstes Jahr wieder.

16. GESCHICHTE

Der Schlachtplan

*Henning (28), Referent bei einer NGO, Berlin,
über
Jana (26), Germanistikstudentin, Potsdam*

Sie war wie diese Mädchen, die ich immer beobachtet habe. Damals auf dem Schulhof. Heimlich, nie aufdringlich, eher eingeschüchtert. Penibel habe ich darauf geachtet, dass sie mich nicht bei peinlichen Jungengesprächen belauschten. Ich wollte, dass sie mich mochten, nicht als Klassenkasper, sondern als der sensible Junge, der ich war. Nur gezeigt habe ich ihnen das nie. Weil ich nichts mehr fürchtete als ihre Ablehnung. Unzählige Tagträume drehten sich nur um diese Mädchen, von denen es auf meiner Schule nur drei gab. Mit keiner von ihnen habe ich mehr als ein paar Worte gewechselt.

Solche Mädchen erinnern mich genauso an April und Leichtigkeit wie an Dezember und Schwermut. Oft tragen sie Secondhandklamotten. Sie sind eher zierlich, aber nicht mager. Einige ähneln Avril Lavigne. Die Mädchen, die ich meine, sind sehr gepflegt, aber nicht eitel. Viele von ihnen sind gut in der Schule, aber keine Streberinnen. Sie lesen Romane, einige mögen Tocotronic, andere Britpop. Aber alle diese Mädchen haben in ihren Augen diese Sehnsucht, diesen offenen und doch gedankenverlorenen Blick. Jana Pallaske kann so gucken. Oder eben *sie*.

Ich sah sieh in einem Club in Berlin. Dort wurde viel Indie gespielt. Das Publikum war mir sympathischer als in den bekannten, größeren Clubs der Stadt. Die meide ich. Und in meiner Vorstellung interessieren sich die Mädchen aus den Träumen meiner Schulzeit ebenso wenig wie ich für basslastige Tanztempel mit horrenden Getränkepreisen. Die Leute in dem Club, in den ich ging, hatten wenig Geld. Studenten in ihren ersten Semestern. Einige Jungs sahen ein bisschen nach Emo aus, zumindest würde man das heute so nennen.

Das Ganze ist fünf Jahre her. Sie sah wie Avril Lavigne aus, nur war sie nicht blond: lange schwarze Haare, schlank, große Augen. Wahrscheinlich war sie diejenige, die im Schultheater seit der siebenten Klasse immer die Julia spielen durfte. Und wahrscheinlich war sie von so edlem Gemüt, dass sie den Schul-Romeo viel zu oberflächlich fand. An diesem Abend war sie allein. Vor Ehrfurcht wurde ich nervös.

Die Tanzfläche war voll, The Killers liefen gerade. Sie tanzte selbstvergessen. Ich wippte höchstens in den Knien und beobachtete sie verschämt, immer in Sorge, sie könnte mich ertappen. Wie sie ihr Haar hinter ihr Ohr strich, wie sie ihr Bier hielt, wie sie sich rhythmisch im Takt bewegte, den Blick leicht nach unten gerichtet. Hätte sie mich in diesem Moment darum gebeten, ich hätte ihr sofort ein Kind gemacht. Wenn sie aufblickte, sah ich zwei große Augen, die unaufdringlich Freude ausstrahlten. Eine sanfte Freude, in der – so schien es – eben auch diese Sehnsucht lag. Niemals zuvor und niemals danach habe ich es deshalb getan: eine Frau angesprochen. Für diese Julia nahm ich all meinen Mut zusammen. Nein, ich trank ihn mir an. Im Schnellverfahren.

Ich bin nicht stolz darauf, doch ohne einen Alkoholexzess hätte mich nie an sie herangewagt. Allein der Gedanke, dass sie mich dabei ertappen könnte, wie ich ihr zuschaute, löste bei mir Angst aus. Sie anzusprechen war unter diesen Bedingungen unmöglich. Ich wusste, dass ich nicht besonders viel Alkohol brauchte, um betrunken zu werden. Und genau deshalb holte ich Tequila – den widerlichen Schnaps aus Mexiko. Ich hasste Tequila schon damals. Vier Shots reichten völlig. Die sich entfaltende Wirkung war verblüffend, wahrscheinlich schmeckt Tequila deshalb so schrecklich, weil Medizin – soll sie wirken – eklig schmecken muss. Ich wartete noch einen Moment, um sicher zu sein, dass ich mich nun wirklich trauen würde. Nichts ist peinlicher, als auf einen fremden Menschen zuzugehen – und dann stotternd nach einer Zigarette fragen zu müssen, weil man nicht mehr den Arsch in der Hose hat, ehrlich zu sein. In meinem Fall kam hinzu, dass ich nicht rauchte.

Sie saß auf der Kante des Podestes neben der Tanzfläche. Den Bands, die in diesem Club gelegentlich spielten, diente die Ebene als Bühne. Mir war ganz schwindelig, Tequila ist eben kein Radler. Acht Meter entfernt, einmal quer durch den Raum, trank sie in kleinen Schlucken aus einem Glas Wasser. Sie sah hinreißend aus. Sinnlich, gedankenverloren, verschwitzt. Ab und zu liefen Menschen durch mein Sichtfeld. War die Sicht jedoch frei, schaute ich sie direkt an. Nicht mehr verstohlen pubertär, sondern erwachsen, aufrichtig. Gerade ins Gesicht. Unsere Blicke trafen sich schnell. Ich hielt ihren großen Augen stand, ein, zwei, drei lange Sekunden.

Jetzt oder nie. Ich ging auf sie zu und presste einen einzigen Satz hervor: »Hi, ich muss jetzt leider gehen, aber kann ich deine Nummer haben?« Mehr nicht. Lehnte sie ab, müsste ich mich nicht lange mit der Niederlage rumschlagen, ich würde einfach machen, was ich angekündigt hatte, und nach Hause gehen. Sollte ich die Nummer bekommen, wäre zwar schade, dass ich den Laden verlassen müsste, aber immerhin bekäme sie nicht mit, wie betrunken ich inzwischen war.

Sie lächelte und sagte nur ein Wort: »Klar.« Ich war verblüfft, holte automatisch mein Handy hervor und ließ es mir von ihr aus der Hand nehmen. Sie tippte ihre Nummer samt Namen ein: Jana. Dann lächelte Jana und schaute mich halb amüsiert, halb mitleidig an. Ich riss mich zusammen und sagte: »Ich heiße Henning, ich melde mich die Tage.« Ich wollte gehen, verharrte aber: Verdammt, was soll's. Ich nutzte den Adrenalinschub und gab ihr einen Kuss auf die Wange. Nun aber schnell raus.

Nachdem ich mich durch die volle Tanzfläche gekämpft hatte, war ich endlich an der frischen Frühlingsluft. Irgendwie war das alles zu viel für mich. Ich schaffte es gerade noch in den nächsten Hauseingang und kotzte den Tequila wieder aus. Erschöpft, aber stolz schleppte ich mich in ein Taxi. Die Fahrt nach Hause verlief komplikationslos. Dem Taxifahrer gab ich ein saftiges Trinkgeld.

Die nächsten Tage feilte ich an einem Schlachtplan. Die Nummer hatte ich, den Anruf würde ich beim nächsten Vollrausch wagen. Ich wartete die drei Tage, von denen mir Freunde sagten, dass man sie verstreichen lassen sollte, ehe man sich bei einer fremden Frau wegen eines Dates meldet. Um den Anruf bei ihr unbekümmert absolvieren zu können, traf ich mich mit meinem besten Freund, trank vier Bier und redete über Semesterarbeiten, Urlaubspläne, Campusjobs. Über Jana redete ich nicht. Aberglaube.

Schließlich rief ich an. »Hallo, hier ist Henning.« Sie erinnerte sich, ich atmete auf. Wir verabredeten uns für den kommenden Freitag. »21 Uhr, Frankfurter Tor vor dem Spätkauf« – und ich wusste schon in diesem Moment, dass ich exakt fünf Minuten zu spät kommen würde. Denn ich wollte unbekümmert und unaufdringlich wirken. Sie sollte ja nicht wissen, dass sie ein Engel war. Das konnte sie nur überfordern. Zugleich jedoch wollte ich Jana nicht verhehlen, dass ich jemanden wie sie gesucht hatte. Also durfte ich nur ein kleines bisschen später kommen als sie. Hoffentlich, dachte ich, kommt sie Punkt 21 Uhr.

Fußläufig vom Frankfurter Tor sind zahlreiche Kneipen, an diesem Freitag gab es außerdem eine WG-Party in der Nähe. Dahin könnten wir gehen, falls wir uns in einer Bar nur schweigend gegenübersitzen sollten. Gerade weil ich mir so viele Gedanken machte, wollte ich möglichst souverän auftreten, cool. Weil mir Souveränität im Umgang mit Frauen wie Jana aber so fremd war wie das Führen eines Killerkommandos, brauchte ich Tricks. Ich musste vorsichtig einen auf coole Sau machen, sonst würde Jana merken, dass ich schauspielere.

Freitag, 20 Uhr, begann ich mit den Vorbereitungen. In meine Hosentaschen steckte ich lose 10-Euro-Scheine, die ich beim Bezahlen zusammen mit Kaugummis zerknittert aus der Jeans holen würde. Botschaft: Er ist unbekümmert, Geld ist ihm nicht wichtig. Und da die Scheine klein sind, ist er auch kein Sohn reicher Eltern. Außerdem bat ich meine Freundin Susanne und meinen Freund Rico, mich ab 21 Uhr anzurufen. Zwei Telefonverabredungen für die Zeit, in der ich mich mit Jana traf. Botschaft: Er wird dauernd angerufen, mein Gott, ist der beliebt. Ich nahm mir fest vor, genau so zu sein, wie ich sonst immer war, ihr etwa keine Komplimente zu machen, weil ich mich das auch sonst nie traute. Nur einen Satz wollte ich unbedingt loswerden: »Du, Jana, ich spreche sonst niemanden an.« Und dazu einen verlegenen Blick. Ich hoffte, das würde als besonders süß durchgehen.

Ich beobachtete das Frankfurter Tor von einem Hauseingang aus – es war genau 21 Uhr. Vor dem Spätkauf standen zwei breite Männer in Unterhemden und Jogginghosen, einer hatte einen großen Hund. Von einem graziösen 20-jährigen Mädchen keine Spur. Ich wurde noch nervöser, als ich es ohnehin schon war. Hatte Jana es sich anders überlegt? Ich habe Schauermärchen gehört, in denen Frauen Dates zugesagt haben, um dann, ohne sich zu melden, nicht aufzutauchen. Käme Jana nicht, würde ich Clubs, in denen Mädchen wie sie verkehren, die nächsten Jahre meiden.

Sechs Minuten nach 21 Uhr bog sie um die Ecke. Länger hätte ich aus Angst, mich zum Trottel zu machen, auch nicht gewartet. Sie sah umwerfend aus. Zu schön für einen wie mich. Doch ich hatte es bis hierher geschafft. Ich hatte einen Imageplan, ich hatte Kaugummis, ich hatte nichts zu verlieren: Wenn dieses Date schiefging, musste ich sie nie wieder sehen. Berlin ist groß. Betont gelassen lief ich auf sie zu: »Hi, na, wie geht's?« Jana lächelte und soweit ich das beurteilen konnte, war das ein authentisches Lächeln. Sie schien immerhin niemand Attraktiveren erwartet zu haben. Wahrscheinlich war Jana nüchtern gewesen, als ich sie nach ihrer Nummer gefragt hatte. Sie sah von Nahem noch besser aus als von Weitem und selbst unter dem Neonlicht des Spätkaufs am Frankfurter Tor wirkte sie noch schöner, als ich sie aus dem Club in Erinnerung hatte. Um einsilbig-verklemmtes Kommunizieren zu vermeiden, schlug ich sofort eine Bar in der Nähe vor. Ich wusste, dass dort eine durchgesessene Couch stand. Ideal für ein Date. Hoffentlich war die noch frei, Freitagabend hatte die halbe Stadt eine Zweierverabredung.

Die Couch war frei. Als ideal für einen Zauderer wie mich stellte sich auch Janas unkomplizierte Art heraus. Ich holte Bier, wir erzählten uns voneinander. Jana hatte jahrelang im Schultheater gespielt. Ob *Romeo und Julia* auf dem Programm gestanden hat, fragte ich nicht. Sie begann gerade mit dem Germanistikstudium. Wir plauderten über die Uni. Ich sagte, dass mich die Selektion im Bildungswesen ärgere, dass ich Noten willkürlich fände und mir weniger Frontalunterricht wünschte. Jana konnte das nicht nachvollziehen. »Irgendwie muss man die Leute doch vergleichen«, sagte sie. Fand ich nicht, hatte aber keine Gelegenheit mehr nachzuhaken, denn mein Handy klingelte.

Meine Freundin Susanne rief an. »Sorry, da muss ich mal ran«, sagte ich. Ich erklärte Susanne am Telefon eindringlich, dass ich heute Abend wirklich keine Zeit für sie hatte, tat so, als wollte sie mich unbedingt zu einer wilden Party am anderen Ende der Stadt locken. Amüsiert gab sie durch die Leitung zurück: »Für dieses Theater muss das Super-Sex mit deinem Date werden!« Das hoffte ich auch.

Kaum hatte ich aufgelegt, klingelte es erneut. Der Name meines Freundes Rico erschien auf dem Display. In diesem Rhythmus hatte ich die Popularitätsbeweise zwar nicht gewünscht, Jana aber wartete nicht nur geduldig, sondern ließ ihren Blick immer mal wieder lange auf meinem Gesicht ruhen – fast möchte ich sagen, es lag Bewunderung in ihren Augen. Das Telefonat mit Rico konnte ich also schnell beenden, schon das Klingeln hatte seine Wirkung nicht verfehlt. Nichts geht über einen guten Plan. Wir bestellten ein paar Cocktails, ich erzählte von der Party um die Ecke, zu der wir später gehen könnten, Jana war einverstanden, alles war gut.

Und es wurde besser. Beim Bezahlen wehrte ich ihren Versuch ab, die Rechnung zu teilen, griff unprätentiös in meine Hosentasche, nahm die völlig zerknüllten Geldscheine raus und zog drei 10-Euro-Noten aus dem Knäuel, die ich der Kellnerin reichte. Dabei fielen mir – und ich schwöre: ohne Absicht – weitere Scheine auf den Boden. Die Kellnerin schmunzelte, als ahnte sie, dass ich normalerweise ein Portemonnaie dabeihabe. Jana half mir, die verstreuten Scheine aufzusammeln. Ich glaube, sie fand mich liebenswert.

Kaum hatten wir die Bar verlassen, klingelte mein Telefon ein drittes Mal. Diesen Anruf hatte ich nicht bestellt. Und zu allem Überfluss blinkte der Name meiner Exfreundin im Display. Ich drückte auf die Lautlos-Taste. »Dass auch immer alle wissen wollen, was Freitagabend los ist«, murmelte ich gekonnt. Wir schlenderten durch Friedrichshain zu der Party in der WG eines Bekannten. Jana bekam an diesem Abend keine Anrufe. Und als gäbe es eine höhere Macht, die sie unbedingt in meine Arme treiben wollte, klingelte bei mir zum vierten Mal das Handy. Ein Freund, den ich ebenfalls nicht angeheuert hatte.

»Jetzt geht's wirklich nicht, Björn«, sagte ich streng. »Ich bin nicht allein unterwegs.« Jana schaute mich von der Seite an, als wir in den Hof bogen, aus dessen Hinterhaus wir schon das übliche Geschnatter gut gefüllter WG-Küchen hörten, unterlegt mit undefinierbarem Party-Pop. »Du hättest doch wegen mir niemanden abweisen müssen«, sagte Jana höflich, als wir die Treppen hochstiegen. Ich holte tief Luft. Bevor ich im Getümmel der Party keine Gelegenheit mehr dazu bekäme, wollte ich diesen einen Satz sagen, die Bemerkung, die Jana direkt ins Herz gehen sollte. Nicht indirekt wie lose Geldscheine und fingierte Telefonate.

»Weißt du, ich wollte meinen Freund Björn nicht dabeihaben, weil ich mit dir allein sein wollte. Ich spreche sonst nie Frauen an. Nur bei dir dachte ich, die darfst du nicht gehen lassen.« Ich sah Jana verlegen an. Sie schmolz dahin. Mehr gab es nicht zu sagen. Noch während ich an der WG-Tür klingelte, küsste mich Jana auf die Wange. Als ich mich dann überrascht zu ihr drehte, presste sie ihre leicht geöffneten Lippen auf meinen Mund. Sie schmeckte nach Mädchen. Als hätten die Farben Rosa und Hellgrün einen eigenen Geschmack. Nach April und Leichtigkeit.

Auf der Party wollte sie nicht lange bleiben, dabei war die WG voll und die Stimmung gut. Ich fragte nicht, ob ich mitkommen sollte, bot aber an, sie noch bis vor ihre Tür zu bringen. Sie versprach mir nichts, als sie mich in ihre Einraumwohnung bat. An den Sex selbst kann ich mich kaum erinnern, ich war viel zu erschöpft vom Telefonieren, Geldscheineeinsammeln, Souveränsein. Ich habe Jana gerne angesehen. Vor dem Sex, dabei, danach und wieder dabei. Jana wollte oft in dieser Nacht, sie wirkte sehr zufrieden. Mit sich. Mit mir. Mit der Welt.

Wir haben am folgenden Montag telefoniert. Jana erzählte mir, dass sie lustig fand, wie mir das Geld aus der Tasche gefallen war. Davon, dass ich ganz süß gewesen sei, als mich »diese Leute« mit ihren Anrufen überforderten. Jana war ein froher Mensch. Sie war so sehr April und Leichtigkeit, dass Dezember und Schwermut bei ihr keinen Platz hatten. Vielleicht hätte ich sie nach dem Programm des Schultheaters fragen sollen, wahrscheinlich war sie die Julia – nur dass sie den selbstbewussten Romeo tatsächlich für einen tollen Typen hielt. Ich war ihr zu nachdenklich, zu unspontan, zu ernst. Das musste sie mir nicht erst erklären.

Zwei Wochen später trafen wir uns im selben Club. The Killers liefen wieder. Sie umarmte mich. Dann ging sie tanzen. Mit einem anderen Mann. Ich sehe Mädchen wie sie immer noch gerne an.

17. GESCHICHTE

Feuchte Gegend

*Tal (32), Handwerker, Tel Aviv,
über
Rachel (25), Tourismusstudentin, Manchester*

In dem Moment, in dem ich sie in das Boot steigen sah, das uns durch die Sümpfe Botswanas bringen sollte, hatte ich es geahnt. Wenn ich unerschrocken vorgehen würde, könnte ich mit dieser Frau Sex haben. Es war etwas an ihrem Handschlag, an ihrem Lächeln, an ihrer Haltung, das mir Mut machte. Sie war, nun ja, typisch britisch: volle Brüste, etwas draller, helle Haut. Ihr Lachen war breit und ehrlich. Sie war der krönende Abschluss meiner Reise durch Afrika, die hier in Botswana mit einer Safari endete. Bloß locker bleiben, sagte ich mir, dann klappt es auch. Keine Panik.

Das Boot setzte uns mitten im Marschland ab. Unsere Reisegruppe bestieg einen Jeep. Wir fuhren an Herden von Elefanten und Giraffen, Rudeln von Löwen und Hyänen vorbei. In meinem zufällig zusammengewürfelten Safari-Team waren ein irisches Paar, eine Schottin und zwei Engländerinnen, eine davon war Rachel aus Manchester. Dazu kam ein Tourführer. In den ersten zwei Tagen durch die Savanne war er immer dabei – wenn wir morgens aus den Zelten krochen, hatte er schon das Campinggeschirr drapiert. Wenn ich mich abends noch mit Rachel am Lagerfeuer unterhielt, saß er so lange gut gelaunt daneben, bis mir die Augen zufielen. Dann kroch ich in mein Zelt und Rachel in ihres. Der Tourführer sah sich noch die Sterne an. Wann schlief der Mann eigentlich? Und wieso war er bei so wenig Schlaf am nächsten Morgen noch so freundlich? Ich sollte es nie erfahren.

Tagsüber waren 40 Grad. Und wenn man bei 40 Grad durch Buschland fährt, ringsherum wilde Tiere, kommt man sich automatisch näher. Selbst der übereifrige Reiseleiter konnte am dritten Tag nicht mehr verhindern, was von höheren Mächten vorgesehen war. Nämlich dass Rachel und ich uns berührten, wenn auch zunächst beiläufig. Der Jeep ruckelte durch das Grasland, sie und ich saßen auf der Rückbank nebeneinander – dicht gedrängt, weil die Ausrüstung und die nicht ganz schlanke Schottin viel Platz einnahmen. Rachels Beine berührten meine, der Schweiß lief zwischen unseren Knien nach unten. Ich zog mein Bein nicht weg, drückte mich sogar ein klein wenig an Rachel, immer wenn der Jeep durch eine kleine Matschkuhle fuhr und einen Ruck machte. Rachel zog ihr Bein auch nicht weg. Ich interpretierte es großzügig als Hinweis auf ihr Bedürfnis nach Nähe. Wohlig nahm ich zur Kenntnis, dass meine Angst verflog, Rachel vor Ende der Safari nicht zu bekommen.

Es hört sich einfach an: keine Panik, Schritt für Schritt, langsam vortasten. Doch für all das habe ich Jahre gebraucht. Bis ich fast 30 war, fiel ich entweder mit der Tür ins Haus, war zu ehrlich, zu forsch, oder ich stotterte, fing zu schwitzen an und tat gar nichts mehr. Mein Vorgesetzter in der Panzerkompanie pflegte zu sagen: »Die hätten uns bei der Armee mal beibringen sollen, keine Angst vor Frauen zu haben. Stattdessen haben sie uns beigebracht, die Palästinenser nicht zu fürchten. Das haben wir nun davon. Angstfrei in den Krieg ziehen, können wir. Aber bevor wir uns trauen, eine Frau zu küssen, machen wir uns in die Hose.«

Das stimmt. Nach der Schule war ich Panzerkommandeur in der Westbank. Vor arabischen Kämpfern hatte ich nur einmal Angst, als sich unser Panzer an einem Hang festgefahren hatte. Der Hügel war zu steil, wir konnten nicht vorwärts. Hinter uns versperrte abgestürztes Geröll den Weg. Und um uns herum wurde wild geballert. Von einem Kameraden, der irgendwo mit Fernglas saß, kam über Funk: »Die zielen mit was Großem auf euch!« Glücklicherweise hatte der Gegner offenbar Ladehemmung, jedenfalls konnte ich unseren Panzer in einem waghalsigen Manöver doch noch auf den Hang steuern. Fast wären wir dabei auf die Seite gekippt und das Geschoss hätte uns verbrannt.

Wenn ich zur Reserve eingezogen werde – und die kann in Israel schnell zum blutigen Ernst werden –, macht mir der Dienst an der Waffe zwar keinen Spaß, aber ich fürchte mich nicht. Angst habe ich weder vor der Hisbollah noch vor der Hamas. Angst habe ich höchstens vor Frauen.

Ein bisschen wie im Gefecht ist es mit Frauen auch. Angriff, Rückzug, Angriff, Einnahme. Und weil die Safari nur noch zwei Tage dauerte, war bei Rachel ein Präventivschlag nötig. Die Fahrt im Jeep, bei der sich unsere Beine berührten, hatte mir Mut gemacht. Nun war es dunkel, die Zelte waren aufgebaut, die Sterne leuchteten. Rachel und ich saßen am Lagerfeuer. Den Tourführer hatte ich den ganzen Abend über so böse angeschaut, dass er sich schon ins Zelt verkrochen hatte. Ich glaube, die Themen, die Rachel und mich gleichermaßen interessierten, waren begrenzt. Vielleicht fackelte ich deshalb nicht lange – um zu vermeiden, dass sie merkte, dass wir uns wenig zu sagen hatten.

Das Feuer knisterte, Vögel kreischten im Schilf, Löwen brüllten in der Dunkelheit. Safaris sind Abenteuer. Und Abenteuer machen wuschig. Wann, wenn nicht jetzt? Ich küsste sie. Sie war überrascht, zog ihren Kopf erst ein Stück zurück, öffnete aber dabei ihre Lippen. Der Präventivschlag hat gesessen. Rachel machte mit. Und wie. Wir küssten uns, bis den brüllenden Löwen die Puste ausging.

An diesem Abend blieb es dabei. Uns beiden war klar, dass wir in dieser Nacht getrennt schlafen würden. Und als die Hyänen ihr schauderhaftes Gelächter anstimmten, kroch ihre Freundin aus ihrem Zelt. Sie sorgte sich wegen des tierischen Geschreis um Rachels Wohlbefinden. Ich küsste Rachel zum Abschied auf die Wange, weniger erotisch als fürsorglich. Frauen mögen so was, hat mein Vorgesetzter in der Panzerkompanie immer gesagt. In dieser Nacht schlief ich hervorragend.

Am nächsten Tag warteten wir auf die nächste Gelegenheit, allein zu sein. Nach dem Mittagessen unter sengender Sonne setzte Rachel sich vor meinem Zelt in den Schatten. In Sichtweite unseres Lagers war ein Fluss, wir beobachteten die gemächlichen Nilpferde beim Grasen, die putzigen Vögel auf ihren breiten Rücken und die schreckhaften Antilopen, die zum Trinken kamen, immer auf der Hut vor Krokodilen. Ich legte meine Hand um ihre Hüfte, sie hatte nur einen Bikini an, ihre Haut war glatt, ganz zart, weich.

Wie sich herausstellen sollte, galt das auch für ihre Muschi. Wie ich dazu kam, dort nachzufühlen? Als es dämmerte, saßen Rachel und ich immer noch zusammen. Wir hatten uns den ganzen Tag nicht aus den Augen gelassen. Schnell wurde es dunkel. Wir glaubten zu hören, wie Löwen und Leoparden in kurzen, entschlossenen Angriffen versuchten, den Herden von Zebras und Antilopen einzelne Tiere abzujagen, sie zu packen und gierig zu zerfleischen. Auch ich konnte mich kaum zusammenreißen. Rachel wusste das. Ohne zu übertreiben, muss ich sagen, sie wollte gerissen werden. Von mir.

An diesem Abend bestand kein Zweifel mehr: Wir brauchten Sex. Ich zog Rachels Höschen runter, sie holte ein Kondom. Rachel war wirklich sehr eng. Und ich bin ziemlich durchschnittlich ausgestattet. Wir versuchten es eine Weile, Rachel lächelte gelassen. Von Verkrampftheit keine Spur. Sie zog das Kondom runter, beugte sich in meinen Schoß. Draußen stimmten die Löwen ihr Gebrüll an. Danach verwöhnte ich Rachel. Ehrensache.

Wir haben uns zwei Tage später ein schönes Leben gewünscht. Die Safari war zu Ende, ich fuhr mit einem Überlandbus nach

Südafrika, sie flog zurück nach England. Nach ein paar Wochen hat sie mich auf Facebook angeklickt. Wir sind jetzt virtuelle Freunde. Geschrieben haben wir uns bisher nicht. Aber ab und zu gehe ich auf ihre Seite und schau mir die Bilder aus Botswana an. Gelegentlich onaniere ich dann.

18. GESCHICHTE

Hat Darwin recht?

*Sören (28), Promotionsstipendiat, Berlin,
über
Maria (25), Messtechnik-Studentin, Berlin*

Um es gleich vorweg zu sagen: Ich bin kein Schläger. Ich war ein schüchternes Kind. Natur war mein Ding, aber nur wenn sie wirklich gar nichts mit Menschen zu tun hatte. Ich habe mich für meine Aquarienfische interessiert, da begeisterten sich meine Klassenkameraden schon für Autos, mindestens aber Mopeds. Ich habe an Wochenenden stundenlang Tierfilme geschaut, da fummelten andere schon Mädchen im Ausschnitt rum. Ich war ein Spätzünder, meinen Mitschülerinnen war ich zu nachdenklich. Zu wenig Macho, zu viel Nerd. Sie standen auf lärmende Jungs aus dem Fußballverein. Frauen sind einfallslos.

Ich bilde mir ein, als Soziologe mit dem Forschungsschwerpunkt »Frauen und Arbeitsmarkt« für die Beobachtung menschlichen Verhaltens nicht ganz ungeeignet zu sein. Ich habe festgestellt, so richtig erfinderisch sind Frauen nicht. Wie Männer neigen sie zu urzeitlichem Verhalten. Frauen ließen schon in der Steinzeit vor allem diejenigen Männer ran, die groß und breit waren, weil die in der Nahrungskonkurrenz offenbar Erfolg hatten. Heute wollen Frauen immer noch Typen, die andere Männer übertrumpfen, dominieren, aus dem Weg konkurrieren. Oft kaschieren Frauen nicht mal sonderlich, dass sie auf rücksichtslose Macker stehen, obwohl man im 21. Jahrhundert bei ihnen wenigstens ein schlechtes Gewissen erwarten könnte, oder? Männer werden auch deshalb zu Schlägern, weil sie ahnen, dass Frauen auf sie stehen, wenn sie sich mit bloßen Fäusten beweisen.

Zugegeben, ich persönlich habe durch pavianartiges Revierverhalten erst die Bekanntschaft zweier Frauen gemacht. Dennoch wage ich eine These: Studentinnen in Berlin sind durch Gewalttätigkeit genauso zu beeindrucken wie Skinheadbräute in Südsachsen. Am eindringlichsten ist meine These an einem Frühlingsabend in einem dieser kleinen Kellerclubs unterfüttert worden.

An diesem Abend füllen wie üblich Easyjetter aus Spanien und Italien die Tanzfläche. Sie halten den Laden für einen Geheimtipp, der Betreiber hält sie für Goldesel. In solchen Clubs gibt es auch immer eine Handvoll schnöseliger Röhrenjeansträger aus der westdeutschen Provinz, die glauben, ihre Anwesenheit wäre etwas Subversives. An der Wand lehnen lässig ein paar echte Berliner. Ich bin zwar auch echter Berliner, sitze mit meinem Freund Björn aber ziemlich uncool auf Stühlen. Der Laden ist brechend voll, ich auch. Sieben Bier.

Zwar bin ich immer noch nachdenklich, zuweilen hart an der Grenze zur Depression. Und mit Frauen tue ich mich nach wie vor schwerer als meine Freunde. Aber ich benehme mich nicht mehr wie ein Nerd, seit ich stetig zum Boxen gehe. Björn muss zur Toilette. Ich lasse meinen Blick schweifen.

Zwei brünette Frauen mit weiß lackierten Fingernägeln wiegen sich zum Takt der Elektroplatte, die der DJ seit fast einer Stunde überstrapaziert. Die eine ist etwas größer als die andere, sie hat schönes, leicht gewelltes Haar, gelegentlich fallen ihr Strähnchen in die Stirn. Sieht sexy aus. Sie trägt eine Perlenkette und enge Jeans mit blütenweißen Turnschuhen. Ihre Bräune entstand eindeutig im Solarium, es ist März und eine wie sie fährt im Winter nicht in die Karibik. Dafür ist sie zu bodenständig, könnte man wohlwollend sagen, zu einfältig, ginge aber auch. Mir ist das egal, ich wäre trotzdem dankbar, würden die beiden mich beachten. Solche Frauen treffe ich selten, bei mir zu Hause liegen sie nie. Ich bin Frauen aus dem Nachtleben nicht gewohnt. Vielleicht liegt das daran, dass ich immer noch Zierfische habe.

Ich überlege, ob die beiden gebräunten Brünetten wohl zu haben sind. Wahrscheinlich ja, sie sind sicher nicht hier, um ihren Nagellack im Discolicht zu trocknen. Interessanter aber scheint mir die Frage, ob sie an einem schmalen Geisteswissenschaftler mit einem Aquarium interessiert sein könnten. Oder eher an einem breitschultrigen Player, dem man anders als mir sein Training ansieht. Oder noch besser einem DJ, der mit angesagtem Akustikmüll so tut, als würde er Geld verdienen. Ich höre viel Radio, meist öffentlich-rechtlich. Von mir aus kann auch in einem Club die ganze Zeit das Gejammer von Coldplay laufen. Schlechte Musik und schmales Kreuz – ich nehme an, ich käme bei den beiden Brünetten nicht in die engere Wahl.

Björn erreicht die Toiletten. Als ich mich wieder zu seinem gerade erst verlassenen Stuhl wende, sitzt dort ein großer Mann mit kleinem Ohrring. Er sieht dumm aus. Ich bleibe höflich. »Entschuldigung, da sitzt schon jemand«, sage ich. Der Mann ist sicher betrunken, denke ich, er wird nicht gesehen haben, dass der Stuhl besetzt war. Schon ist Björn von der Toilette zurück, doch der Unbekannte steht nicht auf. Ich bitte ihn ein zweites Mal, noch sanfter, nun aufzustehen. »Lass mich besser in Ruhe«, sagt der Mann provozierend. Als ich ein drittes Mal vergeblich nachhake – und auch noch »Tut mir leid, ich will wirklich keinen Streit!« nachschiebe –, fälle ich zügig die einzig angemessene Entscheidung: Ich boxe ihm ungebremst auf die Nase.

Augenblicklich tropft Blut von seinem Kinn, er rutscht vom Stuhl. Das hat gesessen. Ich wundere mich über mich selbst, denn ich habe noch nicht genug: Drei freundliche Bitten hat er ignoriert, er hat mich nicht ernst nehmen wollen. Zwei, drei Mal prallt meine Faust in sein Gesicht, er hält krampfhaft seine Hände davor. Ich lasse von ihm ab und blicke mich besorgt um.

Als wollte mich irgendein Gott oder Hegels Weltgeist oder das Schicksal beschützen, haben Barkeeper und Türsteher nicht in unsere Ecke geschaut. Sie scheinen keine Dramen zwischen Alpha- und Betamännchen zu erwarten. Einige Gäste bleiben staunend stehen, eine Dreiergruppe junger Studenten beginnt leise zu tuscheln. Mehr nicht. In diesem Fall bin ich über die fehlende Zivilcourage froh. Der Typ ist völlig perplex, er hält sich eine Hand vor die blutende Nase und rennt zum Klo. So schnell wird er nicht wiederkommen.

Dafür kommt jemand anderes. Die Größere der Brünetten mit den gemachten Nägeln geht auf mich zu. Nun bin ich perplex, ganz ohne dass mir die Nase blutet. »Tut dir die Hand weh?«, fragt sie mich. Ich bin viel zu nervös, brabbele irgendwas Unverständliches. Mehr ist aber gar nicht nötig, sie fasst mich an, befühlt die Finger meiner rechten Hand, ich zittere vor Aufregung. Sie möchte wissen, was der geprügelte Mann mir getan habe. »Er hat meinem Freund den Stuhl weggenommen«, erkläre ich wahrheitsgemäß. »Das ist alles?« Im Gesicht der Schönen erkenne ich Bewunderung. Ihr leicht geöffneter Mund verrät mir, was gleich folgt: eine Belohnung fürs Zuschlagen. Sie küsst mich. So schnell, so einfach.

Sie heißt Maria, kommt aus Bremen, wohnt in einem Berliner Studentenwohnheim, will Messtechnikerin werden und hat gerade Besuch von ihrer besten Freundin. Damit will sie mir wohl zu verstehen geben, dass wir beide heute Nacht noch nicht beieinander schlafen werden. Wir tauschen Telefonnummern. Wenig später muss sie ihre Freundin noch irgendwo hinbringen. Wahrscheinlich in einen Club, der noch angesagter ist als der Laden, in dem wir uns gerade befinden. Ich bin so froh über meinen Einsatz für die Sitzplatzgerechtigkeit im Nachtleben, dass ich mich auch ohne Sex wie der Größte fühle. Ich bin begeistert – von meinem militärischen Erfolg und der Telefonnummer meiner Beute.

Aus dem Augenwinkel sehe ich, wie der Typ vom Klo kommt. Fast entschuldigend huscht er an mir vorbei nach draußen. Auch Björn und ich gehen zufrieden nach Hause. In der Regel verlaufen solche Abende frustrierend, man trinkt zu viel, bestaunt schöne Frauen, spricht dann doch nicht mit ihnen und tritt trübselig den Heimweg an, schließlich hat man wieder umsonst 50 Euro in verrauchten Läden gelassen. Was zwei, drei Fausthiebe am Lebensgefühl eines jungen Mannes so alles ändern können.

Am nächsten Morgen berichte ich Björns geschätzter Mitbewohnerin Sarah nicht ohne Stolz von dem Vorfall. Dabei betone ich meine schlechte Ausgangslage (der viele Alkohol), den Gegner (größer als ich), meinen Sieg (hart, aber gerecht) und meine Eroberung (Maria, die Messtechnikerin in spe). Sarah, ebenfalls Soziologin, gibt sich unbeeindruckt – wirklich bedenklich findet sie allerdings ihre Geschlechtsgenossin. »Sören, manche Frauen denken auch heute noch wie die Weiber im Bund Deutscher Mädel«, erklärt sie mir. »Der Führer wäre stolz auf deine Schlampe.« Einen Soziologendisput über die Singularität des Nationalsozialismus möchte ich vermeiden, dazu bin ich noch nicht nüchtern genug.

Am folgenden Tag schicke ich Maria eine SMS. Wie es ihr gehe, ob wir uns treffen könnten, was man eben so schreibt, nehme ich an. Sie antwortet, ihr gehe es gut, ein Treffen wäre nett. In ihrer SMS bietet sie drei Abende innerhalb der nächsten Woche an. Ich muss nur noch anrufen und zusagen. Bis heute ist mir ein Rätsel, warum ich genau das nicht getan habe. Weil ich befürchtete, den harten Macker mimen zu müssen? Weil sie mich bei Tageslicht zu schmal hätte finden können? Keine Ahnung, ich ließ es jedenfalls sein. Vielleicht hat sie ein paar Abende später ja einen Mann getroffen, der gleich zwei Typen hintereinander verprügelt hat.

19. GESCHICHTE

Zu früh geheiratet

*Lars (33), Lektor, Frankfurt am Main,
über
Sophia (29), Übersetzerin, Frankfurt am Main*

Ich wusste sofort: Die kannst du ficken. Klingt bösartig, ist aber sachlich. Es waren ihr Blick, ihre Bewegungen, ihre Biografie. Ihre Augen suchten nach Anerkennung, ihr Gang war unruhig, so als wartete sie auf jemanden. In Frankfurt lebte sie erst seit ein paar Jahren, sie war noch nicht satt von der Stadt. Sophia hatte hübsche Augen, mit viel gutem Willen sah sie ein bisschen wie Jessica Schwarz aus. Aber wie Männer eben sind, war ich vor allem deshalb geil auf sie, weil ich wusste, dass sie geil auf mich war. Korrupt, nicht wahr? Der eigentliche Vorgang des Abschleppens war folglich simpel – bei einer Suchenden wie Sophia hieß das Zauberwort: ignorieren. Und zwar konsequent. Nur so würde ich mich von anderen Bewerbern unterscheiden.

Wer ficken will, muss freundlich sein, heißt es, wobei damit das Machen von Komplimenten gemeint ist. Das lehne ich aus Stolz ab. Komplimente sind etwas für Schleimer. Ich beweihräuchere keine Frau, nur weil sie eine Frau ist. Das wäre sexistisch. Schmeicheln kann man Krebsforscherinnen oder Revolutionsführerinnen.

Sophia kam einfach aus einem Dorf in Spanien, arbeitete als Übersetzerin und war ein bisschen notgeil. Wir spielten im selben Volleyballverein. Sie war nett, aber unsicher und zu strebsam. Heiraten wollte ich sie also nicht, wie man in solchen Fällen zu sagen pflegt. Außerdem war sie schon verheiratet. Mit Ulf. Kein Scherz, ihr Mann hieß Ulf. Und Ulf war auch noch Polizist. Willkommen in der Wirklichkeit. Die Betrügerin im eigenen Bett entlarvte er nicht, jedenfalls nicht beweissicher. Er war kein beißwütiger Bulle à la Schimanski, vielleicht wird man zum Papiertiger, wenn man Ulf heißt.

Ich hatte alles, was es brauchte, um Sophia zu ignorieren: ausreichend Zeit. Sie würde mich selbst in einem halben Jahr noch wollen, denn ich stand für Abenteuer und Abwechslung. Und sie saß in einem Gefängnis namens Ehe, der Wärter hieß Ulf. Was nicht in Gänze ihre Schuld war. Selbst eine adrette Spanierin muss sich hierzulande dreimal überlegen, ob sie ihren Mann verlässt. In Deutschland ist es nicht leicht, einen coolen Partner zu finden. Keinen Aufschneider, sondern einen, in den man sich auch in der Heimat verlieben würde.

Sie war von ihm so gelangweilt, dass ich es mir leisten konnte zu warten, bis sie sich ein wenig entblößte, bis sie deutlich machte, dass sie mich wollte. So viel Sadismus musste sein. Wenn die anderen nach dem Training im Biergarten in lockerer Runde zu baggern begannen, trank ich Apfelschorle und las die Abendausgaben der Zeitungen. Wenn sich beim Sommerfest des Vereins die Augen der Volleyballer auf Sophias knappen Rock richteten, bezeichnete ich diesen Klamottenstil als »volksnah« – die Mannschaft lachte mit mir. Über sie. Fortan würde sie um meine Anerkennung buhlen.

Irgendwann saßen wir allein nach dem Training nebeneinander. »Und, bei dir alles in Ordnung?«, fragte ich. Sie wurde sofort zutraulich, die Frucht meines wochenlangen Ignorierens.

»Ach, eigentlich nicht, mit meinem Mann läuft es nicht so gut«, gestand sie ohne Umschweife.

»Um ehrlich zu sein, du brauchst eine Affäre«, stellte ich fest, schob aber nach: »Schade, dass ich so was nicht mache.« Kurze Stille.

»Wieso nicht?« Sophia war enttäuscht. Ich antwortete nicht, sie rutschte näher, ich wechselte das Thema.

»Man merkt deine innere Unruhe auch beim Training«, sagte ich, in der Hoffnung, dass sich eine stolze Spanierin eine schlechte Performance beim Sport nicht verzeihen würde.

»Findest du, ich spiele schlecht?« Sophia wurde ängstlich. Von meinem Urteil hing ihr Selbstwertgefühl ab. Ich griff siegessicher zu und küsste sie. Augenblicklich war sie beruhigt.

Sophia musste nach Hause. Ulf hatte was zu essen gemacht. Sie und ich telefonierten am nächsten Morgen. Um die beiden stand es so schlecht, dass sie zu einer Eheberatung gingen. Einmal die Woche jeder einzeln, alle 14 Tage dann zusammen, um gemeinsam etwaige Fortschritte festzustellen. Die es nicht gab. Sophia hatte zwar immer mittwochs ihren Einzeltermin, um 9 Uhr begann die Sitzung, doch schon nach zwei Terminen ging sie nicht mehr hin. Einmal sagte sie der Therapeutin, sie sei krank, ein anderes Mal war ein spontaner Kurzurlaub der Grund für die Absage. Dafür war Sophia mittwochs um 9 Uhr bei mir. Vier Wochen in Folge der gleiche Ablauf: Sie klingelte pünktlich, brachte ein belegtes Brötchen mit; als ich das verputzt hatte, legten wir los. Kurz vor 10 Uhr gingen wir beide gut gefickt in unsere Büros.

Bis dahin habe sie ihren Mann nicht betrogen, erklärte sie mir, die beiden waren seit vier Jahren zusammen. Ich glaubte ihr. Vielleicht aus Eitelkeit.

Sophia bemühte sich mittwochs redlich; mir gefiel, dass sie es sich dabei selbst machte. Ihre schmalen Finger in ihrem schmalen Schoß. Ein schönes Bild. Bevor Sophia sich umdrehte, hauchte sie: »Fick mich wie ein Bulle ...« In einer kurzen Pause – ich kramte gerade erfolglos nach einem Kondom und habe es dann ohne gemacht, was soll eine Ehefrau schon haben? – wollte ich wissen, was bei ihr zu Hause im Bett so los war. Ihr Mann ist immerhin tatsächlich Bulle. »Mein Mann fickt mich wie ein Sozialarbeiter.«

Ulf war nicht untätig. Er hatte Verdacht geschöpft. Sein Beruf lässt sich ja ohnehin in zwei Worten zusammenfassen: Misstrauen haben. Vielleicht wollte Sophia – bewusst oder unbewusst – erwischt werden. Sie ließ ihr Handy etwa in der ehelichen Küche liegen. Meine Nummer, noch dazu unter meinem Klarnamen, tauchte viel zu oft in ihrem SMS-Ausgangsordner auf.

Bei unserem vierten Treffen klingelte ihr Telefon. Die Nummer war unterdrückt, jeder hätte der anonyme Anrufer sein können. Wir waren gerade fertig. Sophia hastete an ihr Handy. Es war Ehemann Ulf. Wo sie sei und was sie mache? Wie aus der Pistole geschossen antwortete sie: »Ich komme gerade aus der Therapiesitzung und bin auf dem Weg zu einem Kundentermin, wir wollen eine umfangreiche Spielanleitung durchgehen.« Ulf konnte ihren erschrockenen Blick nicht sehen, er war mit der telefonischen Auskunft zufrieden. In ihrem Büro hatte er es natürlich schon versucht.

In den Wochen mit Sophia machte mich nicht zuletzt der Gedanke an, dass sich ausgerechnet eine Ehefrau in meinem Bett austobte. Noch dazu eine, die einen Polizisten betrog. Doch nach dem Kontrollanruf kippte die Stimmung. Sophias unsichere Art wurde zur Belastung. Als bereitete sie die Trennung von ihrem Mann vor, begann sie, mich zu gemeinsamen Erlebnissen zu überreden. Sie forderte unverblümt Zuneigung. Wir könnten ja mal zusammen auf ein Konzert, in den Zoo, zum Schwimmen?! Sophia rief spontan an, wurde unvorsichtiger, stolperte durch ihr Leben. Ich sagte ihr, dass wir uns nicht mehr treffen sollten. Sie war einsichtig.

Vielleicht wollte sie, dass ihr Mann ihr mal die Leviten liest. Vielleicht wollte sie, dass er sich trennt, ihr eine unangenehme Entscheidung abnahm, weil ihr selbst dazu die Kraft fehlte. Ich weiß es nicht, wir haben uns seitdem nicht mehr gesehen. Sophia hat den Volleyballverein gewechselt.

20. GESCHICHTE

Die Prüfung

Andreas (31), Strafverteidiger, Hamburg,
über
Manuela (24), Jurastudentin, Hamburg/Rostock

Ich bin ein Macker. Frauen mache ich permanent Angebote. In dem Wissen, dass sie als Konsumentinnen irgendwann Ja sagen werden. »Wollen wir was trinken gehen?« Kann gerade nicht. »Hast du nicht Lust auf das Konzert morgen?« Vielleicht. »Ich hole dich gegen 20 Uhr ab, dann können wir vorher noch was essen, o.k.?« Ja, gut.

Einige würde sagen, ich bin aufdringlich. Zugegeben, betrunken habe ich schon Frauen zu küssen versucht, die einfach nur vor mir in der Schlange standen. Dafür hat es die eine oder andere Ohrfeige gegeben. Manchmal auch von ihren festen Freunden, die daneben standen und die ich einfach nicht bemerkt habe. Ich glaube, ich bin von Frauen besessen. Ich bin hartnäckig, Frauen mögen so etwas. Zumindest die Frauen, die ich mag.

Kürzlich bat mich ein Freund, in einer Bar um die Ecke zu fragen, ob man dort einen Raum für Partys mieten könne. Konnte man, hieß es am Telefon. Die Einzelheiten erklärte mir eine Mitarbeiterin vor Ort, bei deren Anblick es mir nur deshalb nicht die Sprache verschlug, weil sie mit fester Stimme das Wort an mich richtete und von meinen Antworten abhing, ob die Party dort stattfinden würde oder nicht. Von mir aus hätte ich Manuela nur angestarrt, so aber musste ich klare Sätze formulieren: wie viele Gäste erwartet werden, ob Buffet dabei sein soll, ob es spezielle Getränkewünsche gibt.

Manuela ist als Paradebeispiel für Sexappeal ausgezeichnet worden. Sie hat irgendwo in Mecklenburg die Misswahlen gewonnen. Danach gab es ein Fotoshooting, die frisch gekürte Siegerin oben ohne. Wer weiß, wo er suchen muss, kann die Bilder finden. Natürlich heißt sie nicht Manuela. Aber ihr richtiger Name klingt auch ein bisschen nach Osten, denn Manuela kommt aus einem Rostocker Neubaugebiet. Genau so habe ich mir Frauen von dort immer vorgestellt: neugierig und sehr körperlich.

Manuela trug noch im September enge Shorts und Tanktop. Sie geizte auch sonst nicht mit ihren Reizen. Ihre Beine waren makellos, ihre Füße steckten in weißen Turnschuhen mit rosa Schnürsenkeln. Ich liebe Frauen, die nach Frauen aussehen. Auch wenn ich befürchte, dass sie Bodybuilder mit teuren Autos und großen Kampfhunden mögen. Aber was soll ich machen? Frauen wie Manuela sehen einfach am besten aus.

Ein paar Monate bevor ich sie traf, hatte ich zu pumpen angefangen. Selbst als Anwalt schadet es nicht, wenn man ein breites Kreuz hat. Sieht einfach souveräner aus. Ich nehme an, weil ich in die Muckibude gehe, hat mich Manuela überhaupt als Mann wahrgenommen. Zugegeben, im Solarium war ich auch. Ein Spitzenjurist, dafür aber blass und schmächtig, wäre nicht ihre Wahl. Beim Bankdrücken stemme ich inzwischen 100 Kilo.

Manuela studierte Jura. Mich wunderte das ein wenig, denn selbst bei sehr viel Ehrgeiz ist das Studium nicht für jedermann geeignet. Vielleicht unterschätzte ich Manuela, aber so richtig schlau wirkte sie nicht. Dafür umso liebenswerter. Wie süß sie mir alle Einzelheiten erklärte. Die verschiedenen Preise, die Cocktailkarte, die hochwertige Espressomaschine. Der Tresen war Manuelas Welt. Das spiegelte sich in ihren Noten wider. Die Universität mit ihren Bibliotheken und Papieren war nicht ihr liebster Platz auf

Erden. Mit Jura dürfte sie sich übernommen haben. Sie erzählte mir, dass sie die nächste Klausur bestehen musste, sonst würde sie rausfliegen. Drei Jahre umsonst studiert. Das alles erfuhr ich, weil ich selbstverständlich nicht unerwähnt ließ, dass ich in einer Kanzlei um die Ecke arbeitete.

Manuela kannte niemanden, der ihr beim Studium helfen konnte. Ich nehme an, ihre männlichen Freunde waren Fitnesstrainer, Fahrzeuglackierer und Fleischer. Wahrscheinlich waren das alles ganz liebe Jungs. Nur beim Wälzen der Gesetzestexte konnten sie ihr nicht helfen. Während wir über die harten Klausuren in der Rechtswissenschaft sprachen, merkte ich, dass dieser Frau üblicherweise alles zu Füßen liegt. Nur beim Studium nicht, das war sie nicht gewohnt. Ich machte Nägel mit Köpfen. »Soll ich deine Klausur schreiben?« Gedacht, gesagt. Wenn sie mich bittet, fahre ich mit ihr in diese Scheiß-Uni und schreibe ihr diese Scheiß-Klausur. Manuela wäre mir für immer dankbar, dass ich sie durch das Nadelöhr ihrer Karriere geführt habe. Ich habe beide Staatsexamen mit zehn Punkten abgeschlossen. Sechs ist Durchschnitt. Ich schreibe ihr diese Scheiß-Klausur.

»Im Ernst?« Manuela schaute ungläubig. Das hatte sie nicht erwartet. Wahrscheinlich hatte sie gedacht, ich würde sie fragen, ob wir uns nicht zum Essen treffen wollten, damit ich ihr in Ruhe das Verwaltungsrecht erklären könnte. Für so geil, dass jemand eine Juraklausur für sie schreiben würde, hielt sie sich dann doch nicht.

»Kein Problem«, sagte ich trocken.

»Aber die dauert drei Stunden«, schob Manuela nach. Das macht die Aufgaben ja nicht komplizierter, Schätzchen, dachte ich. Gesagt habe ich: »Ich nehme mir frei.«

Manuela war jetzt noch verblüffter. »Hmm. O.k.«, sagte sie und lächelte. Etappensieg!

Wir klärten die Modalitäten. In vier Tagen, nächsten Dienstag, würde ich mich um 10 Uhr mit ihr vor dem Hauptgebäude treffen. Ich überlegte, ob ich mir das Verwaltungsrecht noch mal anschauen sollte. Nicht dass ich ihr diese Klausur schreibe und sie dennoch durchfällt. Doch ich war im Rausch. Lernen, in alten Lehrbüchern nachschlagen? Brauch ich nicht, allein die Chance, bei ihr Eindruck zu schinden, machte mich unbesiegbar. Ich bin zwar Strafverteidiger und kein Verwaltungsrechtler, doch nach diesem Egoboost konnte ich alles.

Am Dienstag stand Manuela vor dem Hauptgebäude. Wir gingen in den Klausursaal. Ausweise werden nur bei Staatsexamen kontrolliert. Jeder der rund 100 Prüflinge musste seine Immatrikulationsnummer auf die gestempelten Papierbögen schreiben, die er benutzte. Zwischen den Studenten war immer ein Sitzplatz frei, damit niemand vom Nachbarn abschreiben konnte. Jeder Student bekam so viele Papierbogen, wie er wollte. Wer an diese Uni gehörte und wer nicht, fiel niemandem auf. Manuela und ich setzten uns nebeneinander, nur der Sicherheitsabstandsplatz trennte mich von ihr. Sie roch perfekt.

Nun zum Plan: Ich schrieb keine Immatrikulationsnummer auf meine Bogen, sondern machte zu jeder Aufgabe Stichpunkte, aus denen sie dann eine passable Antwort formulierte. Es waren also nur ein paar Schlagworte meiner Handschrift auf den Blättern. Anderenfalls hätte der Prüfer die fremde Schrift auf ihrer Klausur erkennen können. Meine Blätter schob ich ihr rüber, sie kritzelte die Bogen mit ihren Notizen voll, sodass meine Stichworte nicht auffielen. Darüber schrieb sie ihre Matrikelnummer. Alles gut.

Die Klausuraufgaben waren kein Problem. Zumindest für mich. Nach einer guten Stunde hatte ich zu allen Fragen die entscheidenden Stichpunkte zu Papier gebracht. Den Rest der Zeit langweilte ich mich. Belohnt wird, wer warten kann. Manuela schrieb und schrieb und schrieb. Vermutlich versuchte sie, all ihr Fachwissen rund um meine Hinweise zu gruppieren – in dem Irrglauben, viel helfe viel. Mir war das egal. Ihr Busen bebte leicht beim Schreiben. Bei so einer Klausur schüttete sie wahrscheinlich mehr Adrenalin aus als halbnackt bei einer Misswahl.

Nach einer Ewigkeit rief der Aufseher in den Saal: »Zum Ende kommen, bitte.« Alle legten ihre Blätter in das Aufgabenfaltblatt und packten es in die dafür vorgesehene Box. Nur ich nicht. Dann ergoss sich ein breiter Strom müder Studenten durch die Flügeltür, außer ein paar ganz Verzweifelten, die in den letzten Gnadensekunden noch etwas zu Papier zu bringen hofften. Ich verließ den Saal im Strom der Noch-Nicht-Juristen und wartete im Atrium auf Manuela.

Mir fiel erst jetzt auf, dass sie so etwas wie eine Schulmädchenuniform trug, sie sah fast so aus wie die junge Britney Spears im Video zu *Hit Me Baby One More Time*. Ich musste diese Frau haben.

»Ich bin ganz fertig«, sagte sie, dabei hatte sie nun wirklich eher schreiben als denken müssen. »Ich kann dir gar nicht genug danken. Ich mach jetzt erst mal Mittagsschlaf. Dann lade ich dich in die Bar ein. *All you can drink.*« Eine Frage war das nicht. Sie wusste, dass ich nicht mehr in der Lage war, auch nur so zu tun, als würde ich erst überlegen, ob ich mich mit ihr besaufen wollte.

»Machen wir«, sagte ich. Sie lächelte gönnerhaft. Hatte ich nicht gerade ihr einen Gefallen getan? Andererseits, sie ist die Misswahlgewinnerin. Das Leben ist nicht fair.

Während Manuela ihren Schönheitsschlaf hielt, probierte ich zu Hause diverse Outfits. Ja, Männer tun so was. Sportiv oder klassisch? Überfordere ich sie mit Anzug und weißem Hemd? Erinnere ich sie zu sehr an den Rostocker Plattenbau, wenn ich in Diesel-Jeans und Umbro-Pullover komme? Ich entschloss mich für weißes Hemd mit Jeans. Ich legte die Sachen aufs Bett. Ich hatte Zeit, ging duschen, rasieren, suchte ein Deo aus. Vorfreude ist die schönste Freude.

Als ich in der Bar ankam, saß Manuela auf einem Hocker vor dem Getränkelager. Sie hatte einen kurzen weißen Rock an, der zwar knapp war, jedoch nicht so hoch rutschte, dass man ihr Höschen hätte sehen können. Hätte ausgerechnet Manuela aus Rostock einen weißen Rock angezogen, wenn sie nicht gewollt hätte, dass sich mein Verlangen steigert? Wieso sollte sich eine Frau, die sich ganz sicher sein kann, dass man sowieso schon auf sie steht, noch herausputzen? Doch nur, um dem Ganzen eine finale Drastik zu geben. Unbewusst wahrscheinlich. Oder wie man heutzutage sagt: Vorbewusst wollte sie, dass zwischen uns was passiert. Und ganz bewusst wollte ich genau das beschleunigen. Ich bestellte Gin Tonic. Manuela trank »Sex on the Beach«. Im Ernst.

Ich redete konsequent über ihre grandiose Zukunft, darüber dass sie sich keine Sorgen machen müsse, ein bisschen Hilfe bei Verwaltungsrechtsklausuren brauchten doch alle. »Du hast es drauf, wer auf Verwaltungsrecht keinen Bock hat, ist in Strafrecht umso besser.« Natürlich ist das Quatsch. »Ich bin mir sicher, du hättest mich bei der Klausur gar nicht gebraucht, ich konnte sowieso nicht allzu viel dazuschreiben.« Noch größerer Quatsch. »Und wenn du als Juristin mal in Schwierigkeiten gerätst, musst du einfach nur lächeln.« Das wiederum war die Wahrheit.

Ich kann gar nicht mehr genau sagen, wann wir uns küssten. In ihrem Kuss lag etwas Beruhigendes, er vermittelte Sicherheit, vielleicht in der Art: Keine Sorge, Andreas, mich hast du sicher. Diese Sicherheit hatte allerdings eine unangenehme, temporäre Nebenerscheinung. Manuela fand, dass dieses stille Einverständnis für heute Abend genug sei. Als ich nach dem dritten Drink fragte, ob sie mir nicht zeigen wolle, wo sie immer für ihre Klausuren lerne, erklärte sie mir, dass es bei ihr zu Hause gerade »total unordentlich« sei: »Das will ich dir nicht zumuten.«

Es kostete meine Leber noch ein paar Stunden harte Abbauarbeit, denn zwei weitere Drinks folgten, ehe Manuela fand, dass es »irgendwie albern« sei, jetzt nicht zu ihr zu gehen.

Der Sex war gute Hausmannskost. Was egal ist, weil ich es immer wieder tun würde. Manuela sieht einfach zu gut aus, vor allem nackt. Außerdem würde mich mal interessieren, wie sie in der Klausur abgeschnitten hat. Ich wette mehr als sechs Punkte.

21. GESCHICHTE

Public Fucking

*Martin (26), Sportstudent, Berlin,
über
Annika (38), Vollzeitmutter, Berlin*

Eine spektakuläre Abschleppgeschichte? Damit kann ich nicht dienen. Eher mit: komplikationslos im Bett gelandet. Wobei es in diesem Fall kein Bett war. Ich bin immer gelassen, mich bringt so schnell nichts aus der Fassung. Insofern mache ich auch keinen Zirkus, um eine Frau näher kennenzulernen. Das habe ich vielleicht von meinem Vater. Der ist ein erfolgreicher Bauunternehmer, beharrlich und gelassen. Er wartet ab, wie sich die Dinge entwickeln, investiert wird nur vorsichtig. So mache ich es auch. Bloß keine Hektik. Immer dieses Gerenne. Erst zu einer Party, dann zur nächsten, dort wieder umherlaufen, um nur ja keine Frau zu verpassen, mit der man die Nacht verbringen könnte. Sex kann Stress bedeuten.

Stress möchte ich vermeiden, wobei ich Frauen mag. Die schönen unter ihnen sogar sehr. Und sie mich meistens auch. Was sicher nicht schadet: Ich bin groß und breit und habe einen Schlafzimmerblick. Und ich studiere Sportwissenschaften, was gut ankommt, wenn man gefragt wird, was man so macht.

Mein Mitbewohner Chris dagegen ist einer, dessen sexuelles Radar jede Sekunde seiner Wachzeit auf Empfang ist. Er lässt seinen Blick grundsätzlich über die Ärsche aller anwesenden Frauen zwischen 20 und 40 schweifen. Nicht dass das den Beobachteten auffiele, da ist er als Gentleman subtil genug. Aber nach wenigen Minuten kennt er die Maße aller Damen, ob in einer Kneipe, einem Büro oder einem Zugabteil. Mich muss man dagegen zum Jagen tragen.

Chris' präzises Radar ortet auch an jenem Junitag 2006 in Sekundenbruchteilen eine attraktive Frau mitten auf dem Alexanderplatz. Er ist auf dem Weg zu seinen Eltern, die im Berliner Umland leben. Seine Mutter hat gekocht, viel Fleisch, wenig Beilage. Chris hat Hunger. In unserer WG gibt es viel zu wenig Fleisch. Dabei mögen er und ich nichts lieber als Rind und Pute. Wir haben Jahre im Kraftraum verbracht, unsere Muskeln brauchen Nahrung. Trotz Wildbraten ist Chris an diesem Samstag spät dran. Er hastet über den vollen Alexanderplatz, oben im Bahnhof sieht er schon den Zug einfahren. Es ist Fußballweltmeisterschaft, am Abend spielt Schweden gegen Deutschland in München. Das ganze Land ist voll mit Fans aus aller Welt.

Als Chris sich durch die WM-Touristen auf dem Alexanderplatz drängelt, stellt sich ihm eine hochgewachsene, blonde Frau in weißem Poloshirt und weißem Basecap in den Weg. »Junger Mann, Interesse?« Sie hat eine bekannte Tageszeitung in der Hand, eine die wir nicht aufschlagen würden, weil es darin zu wenig um Sport und zu viel um Opernaufführungen geht. Interesse schon, aber nicht an der Zeitung, denkt Chris, sagt aber wahrheitsgemäß: »Keine Zeit.« Ebenso ehrlich nuschelt er »leider« hinterher. Fast rennt er den Promotionstand hinter der Frau in Weiß um, weil er den Blick nicht von ihr lassen kann. Die Bahn erwischt er noch. Im Zug ärgert er sich: Lieber 20 Minuten später fahren und das Essen bei Mutti kalt werden lassen, als eine Frau ignorieren, die sicher nicht für eine Promotionagentur arbeitet, weil sie gut rechnen kann.

Die Bahn ist noch keine Minute unterwegs, da greift Chris zum Telefon. »Wahnsinnig sexy, die sieht unglaublich gut aus, im Ernst!«, berichtet er – völlig außer Atem – am Handy. »Sie ist ein bisschen älter.« Das ist als Qualitätsmerkmal zu verstehen. Chris und ich sind im WM-Sommer 2006 gerade 22 Jahre. »Älter« ist gut, ist erfahren, ist aufregend. Der Grund seines Anrufes ist aber nicht, mich über seine Begeisterung zu informieren, sondern dem Objekt seiner Begierde doch noch zu zeigen, dass er Interesse hat, obwohl er die Tageszeitung nicht braucht. »Geh sofort los! Die kann sich sicher noch an mich erinnern!« Anweisungen aus Zügen habe ich gerne.

Na toll. Ich besorge meinem sexuell hyperaktiven Mitbewohner die nächste Affäre. Reicht es nicht, dass ich mehr abwasche als er? Genervt frage ich: »Muss das sein?« Es ist heiß und ich liege in Jogginghose auf der Couch. In ein paar Stunden spielen die schwedische Nationalelf und das deutsche Team im Achtelfinale. Ich freue mich und habe vorsorglich ein Bier getrunken, das zweite ist bereits geöffnet. Ich bin weder willens noch fähig, zum Alexanderplatz zu fahren, um vor der Frau, die Chris in erotischer Stakkato-Prosa am Handy feiert, eine halbwegs gute Figur zu machen. Um vor die Tür gehen zu können, müsste ich eine Kanne voll Kaffee trinken, kalt duschen, viel Deo auftragen. »Kann ich nicht morgen zu deiner Blitzliebe?« Chris wird zickig. »Jetzt stell dich nicht so an. Morgen ist Sonntag, da steht sie nicht mehr da, sondern liegt bei jemandem im Bett – sie ist eine richtige Milf, nur jünger.« Was? Nun sieht die Sache anders aus. Milf ist ein Signalwort.

Eine Milf ist eine »Mom I'd like to fuck«. Inzwischen ist das Akronym ein gängiger Begriff in Pop und Porno. Oft meint man damit nicht unbedingt eine Mutter, sondern einfach eine nicht mehr ganz junge Frau. Eine die Gelassenheit und Erfahrung ausstrahlt. Eine »Milf, nur jünger« ist insofern eine merkwürdige Beschreibung. Wahrscheinlich ist Chris' Promoterin gerade 35 Jahre alt und trägt Stirnband zu Perlenkette. Das reicht, um als Milf durchzugehen. Wenn Erwachsene über Milfs reden, sind durchaus Frauen bis Ende 40 gemeint.

Wie die meisten Spätpubertierenden finden Chris und ich gut aussehende Frauen Mitte 30, gerne mit Kindern, interessanter als Mädchen Anfang 20. Wir wohnen am Volkspark Friedrichshain und beobachten hin und wieder Mütter mit Strumpfhosen in Stiefeln, Jeansjacken und mit Pferdeschwänzen. Kinder stören da nicht, im Gegenteil: Mich macht es an, wenn eine solche Mutter streng nach ihrem ungezogenen Nachwuchs ruft.

Ich lass mich von Chris überzeugen, ziehe ein T-Shirt über, setze meine Sonnenbrille auf, laufe die Treppe runter, springe in die Tram, steige zehn Minuten später am Alexanderplatz aus und lasse mich von ihm am Handy zu dem Promotionstand lotsen. Tatsächlich, da steht sie. Eine schöne Frau, groß, gut drauf, trotz ihres Jobs und der betrunkenen Fanhorden. Mir ist unangenehm, sie anzusprechen, aber immerhin bin ich nur der Ausführende. Emotional gesehen, kann ich entspannt bleiben.

»Hallo, ich bin Martin. Mir ist das ein bisschen peinlich, aber ich soll dich im Auftrag eines Freundes was fragen.«

»Welcher Freund denn?«

»Na, du hast doch vorhin versucht, so einem Typen ein Abo anzudrehen.«

»Also wenn, dann habe ich ihn unaufdringlich gefragt, ob er was lesen möchte.«

»Äh, ja, genau. Na ja, auf jeden Fall fand der dich ziemlich gut. Er hatte nur keine Zeit.«

»Wie, keine Zeit?«

»Na ja, er musste die Bahn kriegen.«

»Verstehe. Wer war er denn?«

»So ein großer, durchtrainierter Typ. Mit Jeans und einer Sonnenbrille von Diesel.«

»Hmm. Ah ja, stimmt. Der rannte hier vorbei.«

Chris hat sich nicht überschätzt, sie kann sich an ihn erinnern. Dass er aber auch immer so ein Glück haben muss.

»Und jetzt?«, fragt sie.

»Jetzt soll ich dich nach deiner Nummer fragen.«
»Ah ja.«
»Und?«
»Kannst du haben.«
Ich hole mein Handy raus: »Er ruft dich bestimmt bald an, wir gehen heute zusammen Fußball gucken.«
»Ach, weißt du was, das mit Nummer und SMS ist zu viel Hin und Her. Sag mir einfach, wo ihr euch trefft. Ich komme dann dahin.«
»Äh, ja, o.k. Wie heißt du eigentlich?«
»Annika.«

Wir verabreden uns am Bahnhof Friedrichstraße um 16 Uhr. Annika erklärt mir, dass sie ihre zwei Söhne bei ihrem Ex unterbringen wird. Der sei dieses Wochenende sowieso dran. Per SMS informiere ich Chris: »Mission accomplished. Aber keine Nr. Sie kommt um vier zum Fußball. Sie ist wirklich Mutter.« Ihm war das natürlich klar.

Leicht angeheitert stehen wir 16 Uhr am Treffpunkt. Eine Kolonne rotwangiger Fans schiebt sich grölend zum Public Viewing im nahen Tiergarten. Nur ein paar gut gewachsene Schweden ragen aus der Menge – ein paar Schweden und Annika. Kleine und große Männer drehen sich nach ihr um. »Was habe ich gesagt«, erklärt Chris grinsend. »Eine richtige Frau.«

Sie begrüßt uns mit Küsschen. Das hat Klasse. Wir laufen zur Fanmeile, Chris direkt neben ihr. Es ist so voll, dass ich nicht mitbekomme, dass sein Baggern unerwidert bleibt. Klar wird die Sache erst, als er ihr anbietet, sie auf seine Schultern zu nehmen – natürlich wegen der besseren Sicht auf die Leinwand –, und sie ihm zu verstehen gibt, dass ihr ihre eigenen 1,84 Meter reichen. Im Gedränge verliere ich die beiden. Schon kurz nach dem zweiten Tor (in der zwölften Minute für Deutschland durch den entfesselten Lukas Podolski) bekomme ich eine SMS von Chris. »Läuft nicht. Ich glaub, ich zieh mich zurück. Stehen dort, wo du uns zuletzt gesehen hast.«

Annika ist gut drauf, als ich die beiden treffe. Chris gibt sich gelassen, er ist bei Frauen erfolgreich genug, um einmal im Jahr einen Korb einzustecken. Er konzentriert sich fortan auf das Spiel (es passiert nicht mehr viel, Deutschland gewinnt 2:0). Ich konzentriere mich auf Annika. Hole ihr noch ein Bier, rempele zurück, wenn ihr Besoffene zu nahe kommen, werfe mich einmal sogar dazwischen, als jemand einen Schwall Wasser verschüttet, in der Absicht, besseren Einblick in ihr Dekolleté zu bekommen. Nun bin ich nass, das klamme T-Shirt spannt über meiner Brust. Gut, dass ich am Tag zuvor noch mal pumpen war. Annika lässt sich gerne umsorgen. Als wir kurz nach dem Abpfiff auf dem Weg in einen Biergarten sind, küsst sie mich unvermittelt. So direkt hatte ich das nicht erwartet. Spätere Erfahrungen lehren mich: Frauen über 30 kommen schneller zur Sache. Und sie jammern nicht, wenn es keine Liebe wird.

Wir trinken ein Anstandsbier. Auf mehr hätten wir uns nicht konzentrieren können, schon in der Nähe des Biergartens halten wir an einer Tischtennisplatte aus Stahlbeton, wie sie jahrzehntelang in jedem Neubaublockhof zwischen Rügen und Erzgebirge stand. Wer aufmerksam ist, kann die Platte aus der S-Bahn sehen, kurz vor der Einfahrt in den Bahnhof Friedrichstraße. Einen guten Blick auf das Sportgerät haben die zwei Beamten in dem Polizeiauto, das während unseres Stelldicheins vorbeirollt. Vielleicht hat sie der deutsche Sieg benebelt, vielleicht finden sie es geil.

Annika stellt sich an die Platte und legt den Oberkörper nach vorne ab. Sie hat Kondome dabei. So habe ich mir das vorgestellt: eine gelassene Frau, die Kondome zum Fußballschauen mitnimmt. Die Arme streckt sie von sich, sie reichen bis zur Mittellinie. Als wir fertig sind, sehe ich Annikas Schweißspuren auf dem glatten, grauen Stein. Ein feuchter Abdruck ihres Gesichtes, ihres Ausschnitts, ihrer Hände verziert die Tischtennisplatte.

Wir treffen uns ein paar Tage später nüchtern im Volkspark Friedrichshain. Ihre Söhne, sieben und fünf, sind dabei. Uns beiden ist klar, dass es sich am Tag des Schweden-Deutschland-Spiels um kurzfristig zu befriedigende Lust gehandelt hat. Ganz ohne Drama wünschen wir uns ein schönes Leben. Vier Jahre später, zur WM 2010, überlege ich, ob ich mich bei ihr melde, als ich mit der S-Bahn zur Friedrichstraße fahre. Aus dem Zug sehe ich, dass rund um den Bahnhof umgebaut worden ist. Die Tischtennisplatte gibt es nicht mehr.

22. GESCHICHTE

Gratisnummer

*Dirk (37), Hausmann, Bochum,
über
Ludmilla (30), Biologiestudentin, Bochum/Tallinn*

Ich bin kein Schönling. Sport ist mir zuwider, vitaminreiches Essen auch. Ich bin viel unterwegs. Wenn ich mich nicht mit meinem Sohn Niklas beschäftige, verteile ich Flugblätter. Meine Ehefrau ist Angestellte bei einer großen Behörde. Sie arbeitet Vollzeit, das war ihr Wunsch. Ich kümmere mich um unser Kind und die Weltrevolution. Auch sie findet, dass Vaterschaft und Revolution ehrenwerte Aufgaben sind. Unsere Ehe läuft super, wir lieben uns. Wir beide waren nur einmal untreu. Ich an einem Freitag vor vier Jahren.

Mein Sohn Niklas hat das erste Mal richtig gesprochen. Beim Frühstück sagte er: »Papa, mir geben!« – und zeigte auf einen kleinen Quarkbecher. Er hatte noch nie gesprochen und dann gleich einen ganzen Satz. Abends bin ich von einem Mann in Uniform geschlagen worden – und es war kein Polizist. Mit zwei Freunden hatte ich vor dem Werk eines deutschen Konzerns das letzte von 6000 Flugblättern mit einem Streikaufruf verteilt. Es war das Ende der Spätschicht, Dämmerung. Das Flugblatt kam zur richtigen Zeit, die Tarifverhandlungen waren gescheitert. Wir wollten gerade gehen, als ein Wachmann auf uns zukam. Ende 40, mäßig gepflegter Schnauzbart, die rote, trockene Haut eines Trinkers. Er faselte etwas von »Scheiß-Kommunisten« und rief mit seinem Funkgerät nach Verstärkung. »Haupttor eins hat verstanden, Achim und Micha kommen mit Fahrzeug«, knarrte es aus dem Walkie-Talkie zurück. Wir wollten schnell verschwinden, unser Auto stand etwas weiter weg. Doch der Wachschützer zog an meinem Ärmel: »Hier geblieben, Freundchen!«

Ich zog meinen Arm weg, der Typ zog seinen Schlagstock. Gerade noch rechtzeitig hob ich den Arm. Es tat trotzdem weh, später bildete sich ein riesiger blauer Fleck. Meine Genossen stießen den durchgedrehten Wachmann zur Seite, wir rannten los. Ich hörte sein Schnaufen, unterbrochen vom Knattern des Funkgeräts. Die Männer vom Haupttor würden ihm sicher bald zu Hilfe kommen.

Was tun? Ich hatte noch eine Plastikflasche mit Apfelsaft in der Manteltasche. Voraussetzung für einen guten Wurf ist Ruhe. Kurz entschlossen blieb ich stehen, drehte mich um, holte tief Luft, rief dem Wachschützer laut »Stehen bleiben!« entgegen, sah den verblüfften Mann an – und warf. Die 20 Meter zwischen mir und ihm legte die Plastikflasche in einer Sekunde zurück. Die Flasche prallte gegen seine Stirn – er fiel einfach um. Wer nicht wagt, der nicht gewinnt. Schon gar nicht im Klassenkampf.

Der angenehme Teil des Abends begann in einer Raucherkneipe. Ich mag einfache Trinkstuben, das Bier ist billig, die Musik nicht zu laut, die Gäste keine Teenager. Hier gibt es kein Beck's Lemon, sondern nur richtiges Bier. Die VfL-Bochum-Fähnchen sind ausgefranst, so lange hängen sie schon hinter der Theke. Die Gäste haben vielleicht keine Goethe-Gesamtausgabe im Bücherregal, lassen aber viel Trinkgeld da. Ich saß mit einem Freund an einem Ecktisch. Wir tranken Bier, rauchten schweigend, der Tag hatte uns erschöpft. Am Tisch nebenan saß eine schlanke Frau mit langem Pferdeschwanz. Allein.

Sie hatte diese kreisrunden, dünnen, großen Ohrringe, wie man sie aus 80er-Jahre-Filmen kennt. Ihre Lippen waren sinnlich, ohne aufdringlich geschminkt zu sein. Und ausgerechnet mit ihr bin ich so schnell ins Gespräch gekommen wie nie zuvor mit einer Frau. »Schläfst du schon?«, fragte sie schmunzelnd. Meine Gedanken schwirrten irgendwo zwischen dem ersten Satz meines Sohnes Niklas und dem prügelnden Wachmann herum. »Ich bin Ludmilla.« Im Tonfall ihrer Stimme hörte man ein klein wenig Osteuropa heraus.

Ich erzählte Ludmilla von den Fortschritten meines Sohnes und den anstehenden Arbeitskämpfen in der Metallindustrie. Dass mich der Ausstand in spe schon ein paar blaue Flecke und viel Mut gekostet hatte, ließ ich nicht unerwähnt. Ludmilla war beeindruckt, dass ich mich in einer solch prekären Lage entschlossen hatte, Ruhe zu bewahren, stehen zu bleiben, zu zielen und schließlich die Saftflasche zu werfen. »War alles für die Sache«, sagte ich pathetisch.

Wer nicht mit Schönheit überzeugt, braucht Charakter – und gute Geschichten. Ein süßes Kind zum Beispiel und einen heldenhaften Einsatz vor bewachten Werkstoren. Ludmilla und ich redeten über eine bessere Gesellschaft, eine Welt, in der Menschen nicht mehr an Fließbändern stumpfer Arbeit nachgingen. Eine Welt, in der uns vollautomatisierte Fabriken mit dem Wichtigsten versorgten. Ludmilla wollte lieber wissen, wie mein Leben hier und jetzt aussah. Meinen Sohn beschrieb ich ihr in schillernden Farben. Wie aufgeweckt er immer schon war, wie neugierig und süß. Auch meine Frau verschwieg ich nicht. Bei ihr blieb ich aber beim Nötigsten: Liebe ja, Treue auch, Einzelfallentscheidungen zu späten Abendstunden aber nicht ausgeschlossen. Denn irgendwie prickelte es. Ludmilla sah einfach zu gut aus.

»Und was machst du so beruflich?«, fragte ich, nachdem ich ihr erzählt hatte, dass meine Frau unseren Haushalt finanzierte. »Ich studiere«, sagte sie. »Und manchmal arbeite ich für einen Escortservice.« Als Garderobenmädchen bei Ärztekongressen, Animierdame bei Bällen, Nummerngirl bei Wohltätigkeitsshows? »Als Hure.«

Vielleicht hätte ich ihren Pferdeschwanz, ihre Ohrringe, ihre kontaktfreudige Art anders deuten sollen. Seit Ludmilla ihre Familie in Tallinn, der Hauptstadt Estlands, vor fünf Jahren für ein Studium in Deutschland verlassen hatte, ließ sie sich in regelmäßigen Abständen für Sex bezahlen. Immer dann, wenn sie Geld brauchte. Wem reicht kellnern schon?

Ludmillas Leben stellte sich in ihren Erzählungen als nicht annähernd so traurig dar, wie man es bei einer osteuropäischen Prostituierten erwartete. Estland sei schön, das Leben in Deutschland aber besser. Das erste Mal habe sie daran gedacht, Sex für Geld anzubieten, nachdem ihr ein spontan verliebter Mann im Laufe eines Abends diverse Getränke spendiert, einen Strauß roter Rosen von diesen durch die Kneipen tingelnden Blumenverkäufern geholt und zum Schluss eine Taxifahrt nach Hause bezahlt hatte. »Zusammen hat der locker 120 Euro ausgegeben«, erzählte Ludmilla. »Hätte ich mich weiter einladen lassen, wären 200 Euro weg gewesen.« Notgeile Männer scheuen keine Kosten.

»Steht der Schwanz, fällt der Verstand«, sagte ich. Ludmilla lachte. Ihre Zähne machten jeden Dentisten überflüssig. Sie sah umwerfend aus, leider nahm sie Geld. Und für Geld würde ich es aus Prinzip nicht machen, wobei mir moralische Vorwürfe gegenüber Freiern fern liegen. Nur ich selbst wollte keiner werden.

Mein Freund trank aus und ging. Er wollte Ludmilla und mich nicht stören. Wir unterhielten uns so angeregt, dass die Müdigkeit weg war. Ich versuchte nicht, sie für einen anderen Job zu begeistern. Ludmilla war klug, sie hatte sich bewusst für Sexarbeit entschieden, unter ihrer Profession litt sie nicht sonderlich.

Ich versuchte nicht, in jedem schmutzigen Detail ihres Jobs zu wühlen. Wobei mir eine Sache aus ihren Erzählungen seitdem nicht aus dem Kopf geht: Es gibt Freier, die bestellen Ludmilla zu sich nach Hause, wenn ihre Frauen im Kino oder auf einer Dienstreise sind. Ludmilla und der Freier legen dann los. Dass das Kind des Mannes im Nebenzimmer schläft, scheint diese Männer nicht zu beunruhigen. Auch nicht, dass Ludmilla und ihr russischer Fahrer sich die Adresse merken könnten, schließlich sind die Häuser, in die sie bestellt wird, oft in besseren Gegenden. Der Fahrer, Exsoldat, wartet übrigens mit einem Elektroschocker im Auto, falls sich der Freier als Vergewaltiger oder Geizhals entpuppt. Die Nummer des Fahrers steht als Schnellwahl in ihrem Handy.

Ludmilla nimmt ab 100 Euro aufwärts – je nach Lage, Extrawünschen, Nachfrage. Den typischen Freier gibt es nicht, bei Alter, Bildung, Herkunft war bei ihr alles dabei. Sie erzählte das alles unaufgeregt. Ich glaube, sie schätzte an mir, dass ich nicht mehr wissen wollte, dass ich nicht nachhakte, wie sie sich mit ihren Kunden fühlte. Ihre Freundinnen hätten kein Verständnis für ihren Job. Oder seien selber Huren. Sie war froh, einen Mann zu treffen, der in ihr nicht die Hure, sondern eine Gesprächspartnerin sah. »Dirk, du bist echt super.« Ich gab das Kompliment zurück.

»Vielleicht zu super.«

Kurze Pause. Hatte ich das eben wirklich gesagt? Zu super?

»Wie meinst du das denn?«, fragte Ludmilla liebevoll.

»Ach weißt du, dir ist sicher nicht verborgen geblieben, dass du sehr attraktiv bist«, antwortete ich.

»Wie sehr denn?«, hörte ich sie fragen, ihre Lippen an meinem Ohr. Ich spürte ihren Atem, bildete mir ein, ihre Zungenspitze an meinem Ohrläppchen bemerkt zu haben. Was sollte das beharrliche Nachhaken, brauchte eine Frau, die sich durch Sex finanziert, sexuelle Bestätigung? »Hmm«, begann ich etwas verstört, »du bist ziemlich geil, und wenn ich keine Bedenken hätte, Frauen zu bezahlen, würde ich dich sofort fragen, ob wir beide nicht vielleicht ...« Weiter kam ich nicht.

»Komm mal mit«, sagte sie, stand auf und ging vor die Tür. Warum ich ihr folgte, weiß ich nicht mehr. Denn ich hatte nichts erwarten können – außer vielleicht einen prüfenden Blick in mein Portemonnaie. Wahrscheinlich galt auch für mich: Steht der Schwanz, fällt der Verstand.

Als wir draußen waren, fragte Ludmilla, ob wir uns nicht in ihr Auto setzen sollten. Ihr sei ein wenig kalt. Ihr Opel war klein und roch nach Frau. Ludmilla öffnete langsam meine Hose. Ich war gehemmt. Sie machte es mir mit der Hand. Ich konnte das erst nach einer ganzen Weile genießen. In meinem Kopf spukte der Gedanke: Du hast Sex mit einer Nutte. Ludmilla holte ein Kondom, gekonnt stellte sie meinen Sitz nach hinten, wie komfortabel. Ihrer Hose hatte sie sich in wenigen Sekunden entledigt, dann schwang sie sich auf mich, ihre Bluse noch an. Ich stöhnte, sie stöhnte. Wahrscheinlich hörten uns alle, die an ihrem Auto vorbeifuhren.

Als ich das Kondom am Ende zusammenknotete und aus dem Wagenfenster in ein Gebüsch warf, gab mir Ludmilla einen Kuss auf die Wange. »Siehst du, manchmal lohnt es sich, zu sagen, was man denkt.« Sie sagte noch etwas davon, dass Charakter überzeugen könne. Charme schafft Chancen.

»Ich mache es nicht nur für Geld. Ich habe auch privat ein Sexleben«, erklärte sie mir zum Schluss. Wir verabschiedeten uns, es war schon spät. Bald musste ich Niklas wieder Frühstück machen. Meiner Frau würde ich diese Begegnung beichten, das war mir sofort klar, gerade weil es eine so ungewöhnliche Situation war. Der Abschied in dem kleinen Opel war kurz, aber herzlich: »Ludmilla, es war sehr schön, dich getroffen zu haben, leider muss ich los.« Es habe sie auch sehr gefreut, sie wünschte mir alles Gute. Dann ging ich. Jeder Schönling hätte ihr 100 Euro hinlegen müssen.

23. GESCHICHTE

Und es hat Klick gemacht

*Simon (32), Versicherungskaufmann, Walsrode,
über
Rosa/ Níki (29/ 34), Lebenskünstlerin, Bremen*

Ich komme aus Oschersleben. In der Magdeburger Börde. Ähnlich aufregend ist mein Beruf. Ich weiß nicht, warum ich mich nicht gewehrt habe, als mir der Job bei dieser Versicherung angeboten wurde. In Walsrode. In der Lüneburger Heide. Vielleicht weil ich ein sicheres Einkommen, ein Auto und eine nette Wohnung zu schätzen weiß. Und bei keinem anderen Job wäre mir gleich nach dem Abi eine unbefristete Stelle angeboten worden. Zumal bei meinen Noten.

In Walsrode ist nicht viel los. Nach der *Tagesschau* ist Ruhe. Das stört mich nicht, ich bin das aus Oschersleben gewohnt. Ich habe sowieso keine Lust auf Eintritt, nur weil der Raum hinter der Tür mit Musik beschallt wird. Oder darauf, zehn Euro zu bezahlen, nur weil billiger Wodka und billiger Rum mit noch billigerer Cola gemischt werden und dann Long Island Iced Tea heißen. Ich vertrage allenfalls Bier, und bevor ich betrunken bin, schlafe ich ein. Mit Frauen war bei mir lange Zeit nicht viel los. Erst Oschersleben, dann Walsrode. Erst eine Schule mit lauter Skinheadbräuten, dann ein Büro mit Versicherungskauffrauen. Ich kam zwar nicht jungfräulich nach Walsrode, aber nur im formalen Sinne. Es war die kleine Schwester einer Mitschülerin.

Es war Abi-Ball, es gab Bowle und ich kann mich an nichts erinnern.

Dass ich ansonsten in einer partyfreien Welt lebe ist nicht dramatisch. Ich komme auf Partys ohnehin nicht so gut rüber, trotz Discolicht, in dem eigentlich die meisten Menschen interessant aussehen. Ich erfülle alle Klischees eines biederen Versicherungsangestellten und komme aus lauter Bequemlichkeit nicht davon los. Ich trage beige Hemden und ab 22 Grad Celsius gerne Sandalen. Bevor es aber nicht 26 Grad warm ist, stecken meine Füße in Socken in den Latschen, weil ich zwar frische Luft um die Füße mag, aber auch schnell fröstele. Ich habe nur noch wenig Haar auf dem Kopf, dafür aber auf dem Rücken. Immerhin wähle ich nicht die CDU. Was meine Kollegen bei der letzten Wahl getan haben. In unserem Büro hängt ein Christian-Wulff-Wahlkampf-Flyer. Und der ist nicht ironisch gemeint.

Ich komme zurecht. Mein Revier ist nicht Walsrode, sondern das Internet. Da ist tausendmal mehr los als in den Amüsierstätten der realen Welt. In Bars und Discos stehen Frauen und Männer sowieso nur herum, um vom anderen Geschlecht betrachtet zu werden. Im Netz ist schon die schiere Masse ein Vorteil. In der virtuellen Welt zeigen sich an jedem beliebigen Montagnachmittag mehr Frauen als in den angesagten Discos in Hamburg oder Berlin an einem Samstagabend zusammen.

Das Portal, das ich mir ausgesucht habe, ist von biederem Layout. Die Farben erinnern mich an meine Schule in Oschersleben. Nichts Aufregendes, nichts Schickes. Mindestens zweimal die Woche schreibe ich allen Frauen, die im Umkreis von 60 Kilometern gerade online sind. Ein kurzer Blick auf das Profil genügt und es geht los: Meine ersten Worte drehen sich immer um etwas völlig Banales. »Schöne Fotos hast du!« Oder: »Dein Job klingt echt interessant ...« Häufig verwende ich auch den Satz: »Wie bist du denn auf diesen Profilnamen gekommen?« Manchmal sind es Dutzende, denen ich in einer Nacht via Internet ein paar

Sätze schicke. Copy & Paste macht's möglich. Von 100 Frauen reagieren zehn, am Ende gibt es Sex mit einer.

An jenem Abend im Dezember vergangenen Jahres antwortet schon die fünfte Dame, der ich etwas Nettes schreibe. Rosa_Glueck, 29 Jahre, aus Bremen. Auf ihrem Profilbild ist Rosa nur vage zu erkennen. Mir reicht das. Ist ja nicht so, dass ich ein Beau bin. Bei »Beruf« hat sie vielsagend »in Arbeit« eingetragen, bei »Hobbys« steht ähnlich humorvoll »vorhanden«. Rosa_Glueck ist ihren Profilangaben zufolge auf der Suche nach einem Abenteuer. Kann sie haben.

Ich: »hallo rosa, netter name, schlicht und schön«
Sie: »findest du?«
Ich: »ja, dein foto ist übrigens auch hübsch«
Sie: »kann man ja kaum was erkennen«
Ich: »ich schon«

Pause. Grübelt sie? Wahrscheinlich. So richtig klug war mein Beitrag nicht. Egal, schnell weitermachen.

Ich: »bin ganz selten hier online«
Sie: »ich auch«
Ich: »schon mitternacht. musste morgen nicht arbeiten?«
Sie: »nein, hab frei«
Ich: »machst du heute abend noch was?«
Sie: »mit dem hund rausgehen«
Ich: »wollte auch noch mal vor die tür, frische luft schnappen«
Sie: »aber bestimmt nicht in bremen ☺«
Ich: »ach, wenn du so fragst, wieso nicht?«
Sie. »meinst du nicht ernst, oder?«
Ich: »doch«
Sie: »wie jetzt?«
Ich: »ich wollte ohnehin mal bremen bei nacht sehen«
Sie: »☺«
Ich: »und spontan ist immer am besten«
Sie: »☺«

Rosa_Glueck schickt mir ihre Adresse. Ich bin schon erregt, als ich noch den Rechner runterfahre. Das Gute am Internet ist: Wenn sich eine Frau mit einem Mann über das Netz nach wenigen Sätzen verabredet, und zwar für denselben Abend, ist Sex garantiert. Mit dem Auto bin ich trotz Regen in einer knappen Stunde da. Im fünften Gang mit Navi eile ich meinem Date entgegen. Ach so, ich fahre einen BMW, wie alle Bürohengste auf dem flachen Land.

Rosas Wohnung finde ich schnell. Auf dem Klingelschild steht kein Name. Zum Glück hat sie mir geschrieben, dass ich im dritten Obergeschoss rechts klingeln soll. Die Tür geht auf, Rosa hat cappuccinofarbene Haut und einen leichten Akzent. So viel Exotik bin ich weder aus Oschersleben noch aus Walsrode gewohnt. Wir quatschen aufgeregt los, aus Verlegenheit, nehme ich an: Wer traut sich schon, sofort die Klamotten fallen zu lassen? Ich kann nicht sagen, worüber wir geredet haben. Fünf Minuten belangloses Zeug. Nicht mal ihren wirklichen Namen habe ich erfragt. Dafür lerne ich sofort ihren buckligen Mischlingshund kennen. Er heißt Adonis. Wir küssen uns. Rosa und ich, nicht der Hund und ich.

Tierisch ist hingegen der Sex. Rosa ist mit Abstand die krasseste Frau, die ich getroffen habe. Sie fummelt nicht lange. Bisher hatte ich Sex, wie man ihn aus Aufklärungsbüchern kennt. Manchmal fehlte sogar Blasen. Blasen ist wichtig, es schafft Vertrauen. Und wenn ich mich erst mal gehen lassen kann, kann sich auch meine Partnerin besser entspannen. Rosa holt Kondome und vorsichtshalber Gleitgel. Die Tube riecht besser als mein Duschgel in Walsrode und sieht aus wie eine Packung teure Augenpflege im Bad meiner Mutter in Oschersleben.

Nach dem Sex kommen wir uns näher. Rosa kommt aus Griechenland und lebt seit 15 Jahren in Bremen. Wieso sie vom sonnigen Mittelmeer in eine verregnete Stadt nach Norddeutschland gezogen ist, kann sie mir nicht erklären. Irgendwas mit einem Mann. Ich frage nicht weiter nach, auch nicht, ob sie einen Freund hat. Hätte ich mal machen sollen. Denn der hämmert plötzlich gegen die Wohnungstür. Zumindest hält sich der Mann, der im Treppenhaus nach der »Schlampe« schreit, für ihren Freund. »Scheiße«, sagt Rosa und springt aus dem Bett. Zu spät, es knallt laut, Holz splittert. Ein Mann in Adidas-Jogginghose und viel Gel in den Haaren hat die Tür eingetreten. Er starrt mich an, starrt sie an, schreit ihr »Fotze!« entgegen und stürzt sich auf mich.

Ich springe aus dem Bett und vergesse, dass ich mich noch nie geprügelt habe. Ich vergesse, dass ich jeden Tag acht Stunden auf einem Drehstuhl sitze und ab und zu Akten kopiere. Ich vergesse, dass ich bleistiftdünne Arme habe und gerade nackt einem Hünen gegenüberstehe. Ich werde kämpfen, schießt es mir durch den Kopf. Ich reiße die Fäuste hoch – da bekomme ich schon einen heftigen Schlag auf die Nase. Scheiße, tut das weh. Kein Wunder, dass ich mich nie prügeln wollte und auf dem Schulhof am liebsten auf der Bank in der Lehrerecke saß. Ich taumele nach hinten, der Eindringling schreit Rosa an. Mir ist schwindelig, ich blute, ich muss mich setzen. Wie peinlich.

Rosa und der Boxer keifen sich an. »Ich habe so die Schnauze voll von dir!«, brüllt sie. Mit flachen Händen schlägt sie ihm ins Gesicht. »Verpiss dich – ach egal, du Idiot, ich rufe sowieso die Bullen!« Fluchend trollt sich der Wüterich. Dann kommt Rosa zu mir und sagt verblüffend gelassen: »Ich hole dir ein Taschentuch. Wir müssen hier weg.« Bitte? Ehe ich nachfragen kann, warum sie im Plural spricht, drückt sie mir ein Küchentuch unter die Nase. Sie sammelt Portemonnaie, Handy, Schlüssel ein, stopft alles in eine Damenhandtasche und zieht den Hund mit der einen und mich mit der anderen Hand nach draußen. Die Tür fällt ins Schloss, wild gestikulierend zerrt sie mich zum Auto. Zu meinem Auto. Gehorsam schließe ich auf. Als täte Rosa seit Jahren nichts anderes, packt sie den Hund auf die Rückbank, schwingt sich auf den Beifahrersitz und guckt mich erwartungsvoll an. Hektisch drehe ich den Zündschlüssel um. Keine 20 Minuten später haben wir Bremen verlassen.

Seitdem wohnt Rosa bei mir in Walsrode. Wovon sie lebt, ist mir noch nicht ganz klar geworden. Einen Job hat sie nicht – »in Arbeit« ist er auch nicht, wie es in ihrem Onlineprofil steht. Aber von Ehrlichkeit im Internet raten Verbraucherexperten aus Datenschutzgründen sowieso ab. Nach einer Woche erfahre ich ihren richtigen Vornamen, Níki, nach zwei Wochen ihr richtiges Alter, 34, nach drei Wochen ihren Nachnamen, den ich für mich behalte, nach vier Wochen bucht sie einen Flug nach Griechenland, nach fünf Wochen lerne ich ihre Eltern kennen. Wie es weiter geht, weiß ich nicht. Mich beschleicht das Gefühl, dass Níki bleiben wird.

24. GESCHICHTE

Eine Frage des Namens

*Deniz (45), Kfz-Mechaniker, Berlin,
über
Sabine (42), Fachverkäuferin, Berlin*

Man könnte mich darauf reduzieren, dass ich nach 30 Jahren in Deutschland noch einen Akzent habe. Oder dass ich, als Türke, blonde Frauen besonders hübsch finde. Das macht es Menschen mit Vorurteilen einfach. Davon gibt es in jedem Land eine ganze Menge. Viel weniger als meine Herkunft interessiert die meisten Deutschen, dass ich genauso viel Alkohol trinke und genauso wenig an Allah glaube wie sie.

Leider finden auch deutsche Frauen, dass mit türkischen Männern etwas nicht stimmt. Statistisch meiden sie anatolische Junggesellen wie mich. Nur jede hundertste deutsche Braut heiratet einen türkischen Mann. Und das obwohl rund drei Prozent der Männer hierzulande türkischer Herkunft sind. Wenn also deutsche Frauen türkische Kandidaten genauso attraktiv fänden wie deutsche Anwärter, wären drei Mal so viele deutsch-türkische Ehen geschlossen worden. Vielleicht liegt es auch an den türkischen Männern. Vielleicht wollen sie lieber türkische als deutsche Frauen. Für mich gilt das nicht. Nur ich kann mich schlecht als deutsch ausgeben – dazu bin ich äußerlich zu mediterran, und mein Akzent würde mich selbst dann entlarven, wenn ich blass und blauäugig wäre.

Bleibt die Frage, ob deutsche Frauen generell was gegen nichtdeutsche Männer haben. Oder ob es mediterrane Einwanderer gibt, die bei deutschen Frauen besser abschneiden als Türken? Ziemlich genau 0,5 Prozent aller deutschen Bräute heirateten 2008 einen Italiener.

Das wäre für uns Türken nicht so schlimm, wenn es hierzulande halb so viele Italiener gäbe wie Türken. Es gibt aber nur ein Viertel so viele Italiener wie Türken. Wem das zu viele Zahlen sind, ich mache es kurz: Für einen Italiener ist die Wahrscheinlichkeit, von einer Deutschen geheiratet zu werden, doppelt so hoch wie für einen Türken.

Vielleicht hat mein Freund Hüseyin recht. Er ist zynisch, möglicherweise weil er mit seinem Namen nie als Italiener durchgehen würde. »Mit Ausländern ist es in Deutschland wie mit Schimmel«, sagt er. »Für die Deutschen gibt es bösen Schimmel, wie an der Decke im Badezimmer, und guten Schimmel, wie auf dem Camembert.« Das leuchtet ein. Dabei kann ich das, was die Italiener können, genauso gut – o.k., außer italienisch sprechen. Aber lächeln und gestikulieren kann ich. Vokale betonen – etwa »Oooh, jaaa, naaa klaaar« – kann ich. Und weiße Hemden tragen und drei Knöpfe offen lassen, kann ich auch. Ich will Weißschimmel auf Edelkäse sein.

Immerhin bin ich nicht der einzige Türke, der seine Herkunft verschleiert. Da gibt es zum Beispiel den TV-Star Erol Sander. Der dunkelhaarige Charmeur heißt nicht Erol Sander, sondern Urçun Salihoğlu. Er hat Politikwissenschaften studiert. Wahrscheinlich dachte er, nun darf er auch einen coolen Namen tragen.

Ich sehe zwar nicht so gut wie Erol Sander aus, aber dafür habe ich die Sorgen mit der Namensfindung nicht. Deniz ist zwar ein verbreiteter türkischer Vorname, aber wissen die Deutschen das? Ich glaube, ich gehe rein namensmäßig als Italiener durch. Es gibt noch einen Denis, Denis Moschitto, auch ein Schauspieler. Dessen Vater ist Italiener, seine Mutter eine Türkin.

Leider bin ich nicht mehr so frisch wie Denis Moschitto. Der ist zwölf Jahre jünger als ich. Dafür muss ich in meinem Alter keine Sperenzchen mehr machen. Ob Bar, Betriebsfest oder Bahnhof: Ab 40 schaut man einer Dame in die Augen, sieht sie weg, muss man sich eine andere Frau suchen, bei der man sein Glück probiert. Erwidert sie den Blick jedoch, geht man zu ihr rüber. Nach einem netten Gespräch, zwei Drinks, drei Komplimenten fragt man nach ihrer Telefonnummer. Man hat ja nicht mehr so viel Zeit.

Blick, Lächeln, Drink, Nummer geben lassen. So habe ich Sabine kennengelernt. Die Bar, in der ich sie traf, ist dafür bekannt, dass dort gelegentlich nette Frauen in meinem Alter sitzen. Sabine und ich haben beide ein Kind aus früherer Ehe. Ihr Sohn hat gerade Abitur gemacht, meiner versucht es noch. Ich lasse meine italienischen Wurzeln durchblicken. »Meine Eltern haben praktisch überall in Europa gelebt, richtig aufgewachsen bin ich in Berlin.« Sabine darf schließlich kein perfektes Italienisch erwarten.

Beim ersten Date gehen wir spazieren. Beim zweiten ins Kino. Beim dritten essen. Essen ist immer gut. Wobei in meinem Fall der Italiener um die Ecke aus bekannten Gründen ausfällt. »Was ist mit deutscher Küche?«, frage ich. Sabine ist überrascht. Das hat ihr noch kein Mann vorgeschlagen. Deutsche Küche, wie sexy. Wir treffen uns in einer Gaststätte, wie es sie nur in Ost-Berlin gibt. Es riecht nach Kohl. Ich persönlich mag Kohl – grünen, roten, weißen. Ich mag auch Schnitzel und Kartoffeln. Ich mag die deutsche Küche. Und wie das in Ost-Berliner Gaststätten nun mal so ist, gucken die Leute viel unfreundlicher, als sie sind, und das Essen schmeckt besser, als es aussieht.

Beim Essen erzählt Sabine von ihrem Exmann, der habe sich als »für den Alltag untauglich« herausgestellt. Ich frage nicht nach, warum ihr das erst nach 20 Jahren aufgefallen ist. Die beiden sind seit ein paar Monaten geschieden. Sabines Sohn ist bei der Gelegenheit gleich in eine eigene Wohnung gezogen, er macht eine Ausbildung zum Automechaniker. »Der ist glücklich, der leidet nicht sonderlich unter der Trennung«, sagt Sabine. Sie klingt erschöpft. Ich glaube, sie hat es mit ihrem Mann wegen ihres Sohnes so lange ausgehalten. Welche Mutter will schon, dass sich der Junge für ein Elternteil entscheiden muss. Sabine hat ein großes Herz. Manchmal seufzt sie gedankenverloren. Als würde die Last einer langen Ehe von ihr abfallen.

Ich erzähle von meinem Sohn, meiner Exfrau (wir mögen uns noch) und der Spedition, bei der ich arbeite. Meine Eltern erwähne ich nur kurz. Sie sind, so spule ich es runter, vor 30 Jahren nach Berlin gekommen, ein Onkel hatte hier ein gut laufendes Restaurant aufgemacht. Der brauchte in der Buchhaltung und beim Einkauf viel Hilfe. Das stimmt sogar. Fast. Er hatte eine Döneria.

Nach dem Essen fragt sie mich, ob ich noch mit zu ihr möchte, einen Kaffee trinken. Sie muss lachen. »Wie blöd von mir. Aber soll ich direkt fragen, ob du bei mir übernachten willst?« Sabine ist wirklich süß: »Ich hatte 20 Jahre kein Date.« Als wäre das etwas Schlechtes. Ich fühle mich gut in ihrer Nähe. Ich mag sogar die Gegend, in der sie wohnt. Marzahn, ein Plattenbaugebiet im tiefsten Osten, ist gar nicht so schlimm, wie ich immer gedacht habe. Und die Wohnung, in die Sabine nach der Scheidung gezogen ist, gefällt mir besser als meine eigene. Die eineinhalb Zimmer liegen in der zehnten Etage, natürlich mit Fahrstuhl. Dazu ein kleiner Balkon, der Ausblick ist grandios. Plattenbauten sind vielleicht hässlich, wenn man drauf guckt, aber nicht wenn man drin wohnt.

Sabine kramt nach frischem Bettbezug (ich kenne keinen Mann, dem bei der Aussicht auf Sex nicht völlig egal wäre, ob die Bettwäsche frisch ist) und einer Zahnbürste. Wenn sie so weiter macht, ziehe ich gleich bei ihr ein. Wir sitzen auf der Couch, schauen aus dem Fenster bis zum Fernsehturm am Alexanderplatz, der Kuss kommt automatisch. Dann sagt Sabine den süßesten Satz, den ich seit Langem gehört habe:

»Du, ich glaube, ich bin ein bisschen aus der Übung.«

»Das kann man ja nun wirklich leicht ändern.«
»Meinst du?«
»Du etwa nicht?«

Zum Sex will ich nicht viel sagen, dafür müsste ich mit Sabine Rücksprache halten. Nur so viel: Wir haben geschwitzt, und wir haben es wieder getan. Ich glaube, ohne Übertreibung sagen zu können, dass Sabine nach der Nacht wieder in Übung war.

Montagmorgen. Die Herbstsonne scheint in die Wohnung. Sabine ist noch schöner. Der Ausblick noch besser. Der Kaffee fantastisch. Schade, dass sie los muss. Sie fährt mit ihrem Sohn an die Ostsee. Es ist der erste Urlaub ohne ihren Exmann. Als wir den Fahrstuhl verlassen, gibt sie mir einen Abschiedskuss. Während sie sich auf den Weg an die Ostsee macht, treffe ich auf Arbeit ein. Schon im Auto muss ich die ganze Zeit an sie denken. In der Spedition begegnet mir unser neuer Azubi. Er ist ungefähr so alt wie Sabines Sohn und Fan der Ärzte. Und die haben ein echt gutes Lied gemacht, *WAMMW*.

»Stell Dir nur mal vor, nach einer Nacht,
wärst Du in einer besseren Welt erwacht.
Eine Welt, in der es keinen Fußball gibt und keine Kriege mehr,
wo alle höflich sind und nie vulgär.
Da gäb's keinen Stammtisch und keinen Ku-Klux-Klan,
und kein Gedränge auf der Autobahn.
Der generelle Umgangston wär' sanft und kultiviert.
Wusstest Du, dass diese Welt beinahe existiert?
Wenn alle Männer Mädchen wären, dann wär' die Welt perfekt.
Keine Bomben, keinen Hass, kein Mensch, der Dich erschreckt.
...«

Wenn sie zurück ist, werde ich ihr sagen, dass ich aus Anatolien stamme und nicht aus den italienischen Alpen. Sie wird schmunzeln. Sabine ist eine tolle Frau.

25. GESCHICHTE

Läuft

*Max (34), Lebenskünstler, Berlin,
über
Svenja (27), Kunststudentin, Berlin*

Seit 20 Jahren lasse ich mich treiben. Ich halte mal hier, mal dort, mal ziehe ich gleich weiter, mal bleibe ich länger. Wenn ich länger bleibe, hat das meist mit Frauen zu tun. Ich weiß, wie die Bedienungen in rund 50 Berliner Kneipen riechen und schmecken, kenne aber selten ihre Nachnamen. Von einigen habe ich auch die beste Freundin oder Mitbewohnerin oder Schwester im Bett gehabt. Ich will dauernd eine neue. Das wollen alle Männer, wenn sie ehrlich wären.

Vielleicht wären Frauen genauso umtriebig, wenn ihnen das nicht abtrainiert worden wäre. Obwohl ich mir manchmal nicht sicher bin, was die Folge von Kultur und was die von Biologie ist: Es gibt keinen neunjährigen Jungen, der nicht alles dafür tun würde, möglichst viele nackte Brüste zu sehen. Aber mir ist in der dritten Klasse nicht aufgefallen, dass sich Mädchen um Nacktaufnahmen von Penissen gezankt hätten. Vielleicht sind Männer wirklich zum Streunen gemacht.

Leider betrifft das bei mir nicht nur die Frauen. Seit dem Abitur habe ich nichts mehr zu Ende gebracht. Noch macht mir das wenig aus, ich habe kein schlechteres Leben als die Streber. Im Gegenteil, ich habe in den drei angesagtesten Berliner Clubs an der Bar gearbeitet und war in drei weniger angesagten Bands der Bassist. Was will man mehr?

Seit ein paar Monaten arbeite ich in einer kleinen Edelpizzeria in Kreuzberg. Angefangen habe ich als Pizzabäcker. Sie nennen das Pizzaiolo, und weil es besser klingt, nenne ich es auch so. Der Laden wurde chaotisch geführt. Was ich mir dadurch erkläre, dass die Besitzerin sehr attraktiv ist. Permanent wimmelt sie interessierte Männer ab. Oder eben nicht, und das kostet bekanntlich noch mehr Zeit. Wer durchgewühlte Betten zu schätzen weiß, hat keine Lust, die Rechnungen durchzugehen. Das wurde nicht besser, als ich dort anfing. Nicht ganz platonisch habe ich mich vom Pizzabäcker zum Einkäufer hochgearbeitet. Inzwischen aber sind wir auch platonisch ein gutes Team. Sie behält den Überblick und ich bin der Typ, der losfährt und die Dinge aussucht, die gebraucht werden: von den Lampen bis zum Espresso. Waschen, Schnippeln und Backen macht nun jemand anders.

Meinen letzten Dienst in der Küche hatte ich an einem Sonntag. Bis in die Nacht wühlte ich mich durch Champignons, Schinken und Zucchini. Danach hatte ich das dringende Bedürfnis, mich an der frischen Luft treiben zu lassen. Am Montagmorgen gab es dafür in Berlin die »Bar 25«, ein Open-Air-Club am Spreeufer in Friedrichshain. Der Laden lief gut.

Auch an diesem Montagmorgen stehen Hunderte Menschen in einer Schlange davor. Als ich nach einer halben Stunde an den Eingang vorrücke, brüllt mir die Dame an der Kasse mit zuckendem Unterkiefer entgegen, dass die Bar nun voll sei. Sie lasse nur noch Leute rein, die auf der Gästeliste stehen. Mein Name steht nicht drauf.

Ich will gerade in eine 24-Stunden-Schwulenbar eine S-Bahn-Station weiter, als eine Exaffäre von mir um die Ecke biegt. Sie geht zügigen Schrittes an der Schlange vorbei und begrüßt die Frau mit dem bebenden Kiefer mit einem Küsschen links, einem Küsschen rechts. Dann sieht sie mich. Wie sich herausstellt, arbeitet meine Exaffäre in der Bar als Mädchen für alles, vom Tresen über DJ-Betreuung bis zur Kasse. Sie tuschelt mit der Hexe vom Einlass, die stadtweit als unangenehm bekannt ist. Ihr Unterkiefer zuckt wieder, sie raunt mir entgegen: »Da haste noch mal Glück gehabt.« Ich bin drin. Meine Bekannte verabschiedet sich, sie muss arbeiten. Außerdem ist ihr Freund da. Soll mir recht sein.

Drinnen ist die Stimmung gut, ob dafür aber Warteschlange und zehn Euro Eintritt angemessen sind, bezweifele ich. Ich stecke mir eine Kippe an und lasse meinen Blick schweifen. Knutschende Touristen auf abgewetzten Sofas, magersüchtige Tänzer in Röhrenjeans, junge Frauen mit Ponyfrisuren. Einige sind schön, andere nur hübsch gemacht. Das Übliche. Und wie üblich bekomme ich Lust.

Wer viel im Nachtleben unterwegs ist, weiß: Niemals die Schönste am Platze anmachen. Ich habe meist die Zweitschönste im Visier, bei Massenveranstaltungen gerne auch Nummer drei, vier oder fünf. Die Wahrscheinlichkeit ist höher, dass es mit denen klappt. Ich habe mal die Marktforscherin eines Sexartikelherstellers getroffen. Sie selbst war übrigens Lesbe und aß Salamipizza wie andere Gummitiere. Sie hat gesagt, den meisten Sex haben naive, rundliche Frauen. Denn alle denken, die sind leicht zu haben, folglich werden sie eher angemacht als Schönheiten. Und weil rundliche Mädchen in unserer kaltherzigen Welt die Angst nicht loswerden, den Männern zu missfallen, gehen sie auf Anmachen dankend ein. Das hat allerdings zur Folge, dass kaum noch jemand Schönheiten anmacht. Vielleicht sollte ich bald mal meine Strategie ändern und schnurstracks auf die heißesten Feger zugehen.

Während ich versuche, für diese Nacht einen Überblick über alle anwesenden Frauen zu bekommen, tippt mir eine kleine Blonde mit halblangem Rock an die Schulter. Ich habe sie vor zwei Wochen in der Pizzeria gesehen. Sie fragt mich, ob ich nicht der Pizzabäcker sei. Zugegeben, ich merke mir nicht jeden Gast. Aber ich gehe auch nicht zu jedem Gast an den Tisch und frage, ob die Pizza geschmeckt hat. Das mache ich nur, wenn der Gast weiblich ist und mich in Erinnerung behalten soll. Das hat dann wohl geklappt.

Sie heißt Svenja und passt perfekt. In fünf Jahren wird sie wahrscheinlich rundlich sein, noch ist sie hübsch. Im Sinne von amateurpornohübsch, nicht klassenschönheitshübsch. Soweit ich das überblicken kann, ist Svenja unter den Frauen, die sich ohne Typen auf der Tanzfläche aufhalten, die Nummer vier. Es ist gerade 3 Uhr, ich habe noch Zeit. Grob vereinfacht gibt es zwei Wege, Frauen ins Bett zu bekommen: Man kann distanziert bleiben, sogar zynisch werden, um die Auserwählte zu eigenen Schritten zu provozieren – das ist riskant und macht nur Sinn, wenn man verkraftet, dass sich die Frau womöglich für einen netteren Typen entscheidet. Einen, der – und das ist der zweite Weg – behutsam ihre Nähe sucht und ihr ganz klassisch Komplimente macht.

Ich sehe nicht schlecht aus, gehe dennoch auf Nummer sicher und bin in dieser Nacht der nette Typ. Alles andere wäre am Montagmorgen zu hoch gepokert, schließlich ist das Wochenende schon vorbei. Da sie keine Anstalten macht, sich jemand anderem zuzuwenden, beschließe ich, gezielt auf Svenja einzugehen. Leser von *Bravo* und *Neon* würden sagen: Mir geht es um eine gemeinsame Wellenlänge. Dabei bedeutet »aufeinander eingehen« und »eine gemeinsame Wellenlänge erzeugen« eigentlich nur, dass man so wenig wie möglich, aber so viel wie nötig lügen wird. In *Bravo* und *Neon* heißt das dann »flunkern«.

Svenjas Freundinnen sind schon nach Hause gegangen, sie will noch bleiben und sich ans Spreeufer setzen. Hätte ich auch vorgeschlagen. Svenja will noch ein Bier. Ich wäre sowieso gleich zwei Flaschen holen gegangen. Sie sagt, die »Bar 25« sei auch nicht mehr das, was sie mal war. Sehe ich ganz genauso. Erst als Svenja mit mir Speed ziehen will, sage ich Nein. Ich mache wirklich jeden Scheiß mit. Sind Purzelbäume im Tiergarten nötig, um eine Frau zu amüsieren, schlage ich Purzelbäume im Tiergarten. Und wenn es gerade stürmt und schneit, werde ich eben kalt und nass. Was ich jedoch nicht mache: synthetische Drogen nehmen.

Auf Svenja muss ich aber nicht verzichten. Von mir aus kann sie nehmen, was sie will. Sie läuft mit mir zu den Klos. Vor uns warten kleine Gruppen junger Menschen, alle sind von einer merkwürdigen Vorfreude erfüllt. In der »Bar 25« haben sie sogar Klohäuschen aufgestellt, in denen es nicht mal ein Klo gibt. Sehr konsequent. Als wir endlich in einem dieser Kabuffs sitzen, reiche ich Svenja meinen Ausweis als Schniefteller. Sie schüttet etwas Speed drauf, dreht mit flinken Fingern einen 10-Euro-Schein zum Röhrchen und zieht den Stoff durch die Nase. Nicht schlecht, sie hat mir gerade drei weitere Stunden geschenkt.

In der Nähe des Klohäuschens ohne Klo setzen wir uns in eine Ecke. Svenja erzählt von irgendeinem Kunstprojekt, das ihre ganze Kreativität fordere. Ich nicke gelegentlich, höre aber kaum hin. Stattdessen suche ich mir ein Detail an ihrem Körper. Das mache ich immer, wenn ich in die Zielgerade einbiege. Es ist 3 Uhr und je mehr sie von sich und der Kunst redet, desto sicherer bin ich, dass die Zeit reif ist. Unvermittelt frage ich: »Ist das ein Leberfleck?«

Offenbar kennt Svenja den dunklen Punkt in ihrem Nacken nicht. Sie ist irritiert. »Du hast bestimmt noch mehr davon«, sage ich. Ich fasse ihre Hände an, drehe sie um, tue so, als würde ich mich auf ihren Armen umgucken. »Zum Glück kann ich gefährliche von harmlosen Leberflecken unterscheiden.« Sie will wissen, ob ich fündig geworden bin. »Noch nicht.«

Ich ziehe ihr T-Shirt ein wenig hoch, aber nur so weit, dass der BH noch nicht zu sehen ist. Ich warte kurz, bis ich den entscheidenden Schritt aus dem Spaß, der Unverbindlichkeit des Moments, in den Ernst, der klaren Absicht zum Sex, gehe. Diesen Schritt muss der Mann gehen. Und nur weil ich ihn schon unzählige Male gegangen bin, gehe ich ihn mit Leichtigkeit. »Also deine Nierengegend ist leberfleckenfrei, aber ich glaube, zwischen deinen Schulterblättern ist was.« Sie zögert, ihr T-Shirt will sie in der

»Bar 25« nicht auszuziehen. Ich sage: »Für eine richtige Expertise ist es sowieso zu dunkel.« Jetzt muss sie sich entscheiden.

Svenja erzählt leise, dass sie um die Ecke wohnt, es klingt fast wie eine Beichte. Nicht, dass sie kurz vor der Zielgeraden noch Angst vor der eigenen Lust bekommt. Ihr Zimmer sähe schrecklich aus, sagt sie. An einem Montagmorgen mal eben Speed nehmen, sich aber schämen, wenn daheim Socken herumliegen. Das verstehe, wer will. Sie bittet darum, vorfahren zu dürfen, um aufzuräumen. Ich erkläre ihr, dass auch der Zustand meines Zimmers erkennen lässt, dass ich ein kaum gealterter Punkrocker bin. Sie lacht. Wir laufen zu ihr. Sie räumt nicht vorher auf.

Ihr Zimmer ist gerade so unaufgeräumt, dass es gemütlich ist. Auf ihrem Schreibtisch steht ein Bild von ihrer Familie, ihre Mutter sieht ein bisschen wie Rita Süßmuth aus. Ob die weiß, was ihre Tochter macht? Die Küche ist mit lauter Kleinigkeiten zugestellt, Gewürzdosen, Keksdosen, Konservendosen. Ich habe Lust auf Limo oder Saft, am besten wäre Eistee. In Svenjas Küche gibt es grünen Tee, schwarzen Tee, Hagebuttentee, Kräutertee, Yogitee, Rooibostee und Kamillentee. Nur Eistee gibt es nicht. Ich nehme Wasser.

Leider haben wir unterschiedliche Vorstellungen von gelungenem Sex. Das aber gleichermaßen. Svenja will sich partout nicht umdrehen, ich kann partout nicht in der Missionarsstellung. Vielleicht hat sie schlechte Erfahrungen gemacht oder zu viel Alice Schwarzer gelesen. Ich bin nicht gekommen. Das passiert Männern öfter, als Frauen denken. Ich kann das ab. Am Morgen reden wir noch nett über Belangloses. Nächste Woche könnten wir ja mal zusammen mit ihren Freundinnen weggehen, schlage ich vor. Sie findet, das sei eine gute Idee. Was will man mehr?

26. GESCHICHTE

Morgenstund hat Gold im Mund

Richard (35), Bildungsreferent, Leipzig,
über
Linda (27), Anwältin, Leipzig

Auf diese Geschichte bin ich stolz gewesen, dabei habe ich gar nicht so viel dafür getan. Ich habe sie Freunden erzählt, ich habe sie Freundinnen erzählt. Ich habe sie Kollegen und Kolleginnen erzählt. Manchen von ihnen habe ich sie zweimal erzählt. Einige sagten: »Schon eher ungewöhnlich ...«

Die Geschichte fängt mit meinem Freund Peter an. Er ist verheiratet und geht abends nur noch selten aus. Dieser Freitag war einer dieser raren Tage. Wenn Peter was trinken geht, sammelt er gleich mehrere Freunde um sich. Da war Susanne, Peters beste Freundin, da war Stephan, ein Krankenpfleger, und da war dessen beste Freundin Linda.

Ich kannte außer Susanne niemanden. Linda hatte kurze Haare, strubbelig, Strähnchen standen ab. Winona Ryder trug ihre Haare immer wieder mal auf diese Art. Mit nur 27 Jahren hatte Linda den mit Abstand interessantesten Job der Runde. Sie war eine der jüngsten zugelassenen Strafverteidigerinnen Sachsens. Sie hatte große, helle Augen, so ein Graugrünblau wie das Wasser der Badeseen meiner Kindheit. Mit solchen Augen muss man den

Richter ansehen, wenn man für einen aktenkundigen Schläger nichts weniger als Freispruch will. Vorausgesetzt, der Richter ist heterosexuell und keine Richterin.

Linda erzählte heiter von den Tagen im Gericht. Von den Aktenbergen an Vorstrafen, die ihre Mandanten hatten, von den irren Dingen, die Menschen in Extremsituationen zu tun bereit sind. Linda vertrat Räuber. Arme Schlucker, meist verschuldete, verlassene Männer, die in ihrer Not glaubten, mit einer Spielzeugpistole eine Bank auszurauben wäre eine sichere Sache. Sie sah die Welt wie Ferdinand von Schirach, aus dessen Büchern hervorgeht, dass jeder von uns zum Mörder werden kann. Sie war mir sofort sympathisch.

Lindas Kumpel Stephan fiel der Abend nicht leicht. Er ist von eher vorsichtigem Gemüt, das lockere Plaudern mit Fremden liegt ihm nicht. Stephan ist nicht dumm, er weiß nur nicht, was er sagen soll. Und wenn er was sagt, stottert er ein bisschen. Linda versuchte, ihn im Viertelstundentakt in unser Gespräch einzubinden. Erst störte mich das. Dann merkte ich, dass so nicht der Eindruck entstand, ich wollte mir ihr anbändeln. Solange Stephan integriert werden musste, konnte ich Linda ganz unverbindlich näherkommen. Wir flirteten nicht, wir bereiteten kein Date vor. Wir kümmerten uns beide nur um Stephan. »Erzähl mal, wie dein Tag so aussieht«, richtete ich das Wort an ihn. Die Worte kamen in kleinen Portionen aus ihm heraus. Aber sie kamen. Linda war froh, jetzt war auch ich ihr sympathisch.

Peter ging gegen 1 Uhr. Seine Frau saß wahrscheinlich mit einer Gurken-Joghurt-Maske im Gesicht vor dem Fernseher und knurrte. Sie knurrte so laut, dass es Peter bis in diese Kneipe zu hören schien. »Ich muss los, sie macht sich sicher schon Sorgen«, erklärte er allen Ernstes. Auch Stephan gähnte in immer kürzeren Abständen und ging eine halbe Stunde später ebenfalls nach Hause. Susanne schloss sich ihm an. Linda blieb. Die schöne Anwältin und ich allein. Tu einfach so, als wären immer noch alle anderen da, ermahnte ich mich. Bloß nicht nervös werden.

Wir quatschten weiter über sinnlose und sinnvolle Gesetze. Ich war so locker, dass mir gar nicht auffiel, dass ich sie nach ihrer Nummer fragte. Genauso unkompliziert kam mir dabei ein Wir-sollten-unser-Gespräch-morgen-Fortsetzen aus dem Mund. Es war 3 Uhr, wir waren beide müde. Und fast hätte ich es überhört, weil auch Linda so unaufgeregt antwortete: »Ja, lass uns das machen. Ich melde mich nach dem Prozess. Gib mir mal deine Nummer.« Ich klingelte sie sofort auf ihrem Handy an. Linda musste in vier Stunden im Gerichtssaal stehen. Und obwohl sie schon seit morgens um 7 Uhr auf den Beinen war, sah sie so frisch aus wie andere nach Urlaub im Wellness-Hotel. Wir schlenderten zur nächsten Bushaltestelle.

Dort trennten sich unsere Wege. Ein Küsschen auf die Wange, ein Küsschen auf die Wange zurück. Doch Linda stand unentschlossen da, wippte ein wenig auf den Beinen. So richtig loslaufen konnte ich auch nicht. »Tja, ich muss dann mal«, stotterte ich, doch statt zum Nachtbus zu gehen, beugte ich mich zu ihr und gab ihr einen Kuss auf den Mund. Ihre Lippen öffneten sich. Sie schmeckte, wie sie aussah: fantastisch. »Nun müssen wir aber«, sagte ich, gab ihr noch einen flüchtigen Kuss und ging. Die anschließende Busfahrt war lang wie immer. Doch diesmal fühlte es sich nicht so an. Ich war hundemüde, schwebte aber über den Asphalt, als ich aus dem Bus stieg.

Ich träumte noch, als Linda vor Gericht für Gerechtigkeit stritt. Ich träumte von Sonnenschein, während Linda in einem dunklen Gerichtssaal ihr Plädoyer hielt. Nach sechs Stunden wachte ich auf, rieb mir die Augen, freute mich auf den Tag. Ich schaute auf mein Handy: 10.30 Uhr. Linda hatte zu dieser Zeit schon ein armes Schwein aus dem Leipziger Plattenbaugebiet Grünau vor dem Knast bewahrt. Fünf Minuten später kam eine SMS. »Schick mal deine Adresse. Bin in 30 Minuten da.« Als im Radio die 11-Uhr-Nachrichten begannen, klingelte es. Meine Anwältin war nicht nur schön, sondern auch pünktlich.

Als Linda in meiner Wohnungstür stand, wurde ich aus dieser angenehmen Aufregung heraus augenblicklich *touchy*. »Willst du auch einen Kaffee?«, fragte ich und legte meine Hand unwillkürlich auf ihre Hüfte.

»Später vielleicht«, sagte sie. Dem Küssen folgte das Ausziehen, dem Ausziehen das Fummeln. Dafür dass wir keine Kondome benutzten, gibt es eine Erklärung, keine Entschuldigung: Haben zwei Akademiker ohne Intimkontakte in einschlägigen Milieus – die es in Leipzig kaum gibt – miteinander Sex, ist die Wahrscheinlichkeit, sich anzustecken, de facto null. Wie gesagt, es ist eine Erklärung, keine Entschuldigung.

Wir lagen auf unseren linken Seiten, Löffelchenstellung. Nur scheinbar ziellos fuhr ich mit angefeuchteten Fingern der rechten Hand über ihren Damm zum Arsch. Sie schnurrte. Sicher hatte sie regelmäßig Analsex. Bei One-Night-Stands bekommt man normalerweise keinen Analsex. Der Erwartungsdruck ist zu groß, die Unsicherheit auch, schließlich kennt man sich nicht. Lernt man eine erwachsene Frau aber besser kennen, stellt sich erstaunlich oft heraus, dass sie *es* schon immer mal probieren wollte. Menschen leben ja auch nicht mehr in Höhlen oder waschen sich einmal die Woche am Dorfbrunnen. Warum sollten wir Sex haben wie zu Zeiten Karl des Großen?

Beruflich habe ich gelegentlich mit Psychologen zu tun. Und die sagen immer, alle wollen im Bett fast alles probieren. Allerdings passen die meisten Menschen sexuell nicht zusammen. Das liegt wohl daran, dass sich viele Frauen für einen Partner entscheiden, den sie in erster Linie fürsorglich finden. Leider haben sich die beiden dann erstaunlich selten sexuell etwas zu sagen. Schlappe 15 Minuten Vaginalverkehr – des Deutschen üblicher Sex – kriegt jeder. Anal hingegen setzt eine gewisse Übereinstimmung voraus. Umfragen zufolge wollen 90 Prozent aller Männer Analsex, nur die meisten Frauen lassen sie nicht ran, weil sie ihnen mehr oder weniger unbewusst unterstellen, im Bett ein Dilettant zu sein.

Linda findet, dass Frauen, die mit 30 keinen Analverkehr haben, Mädchen sind.

Apropos, Linda und ich taten es eine ganze Weile. Meinen Orgasmus zögerte ich hinaus. Normalerweise gucke ich beim Sex genau hin. Nur Linda durfte ich nicht anschauen, ich wäre sofort gekommen. Ich versuchte, mich durch einen Blick auf mein Bücherregal abzulenken. Doch selbst die Bände *Präsentationstechniken für Seminarleiter I* und *II* konnten mich nicht mehr abtörnen.

Danach wollte sie einen Kaffee. »Mit Milch, bitte.« Mühsam stand ich auf, ging in die Küche, setzte Wasser auf. Linda und ich schauten ein bisschen Fernsehen, witzigerweise kam gerade eine dieser Gerichtsshows. Nach einer halben Stunde fingen wir an, erneut rumzumachen. Vaginal übersprangen wir diesmal.

Linda hatte gegen 14 Uhr den nächsten Termin. Wir haben in den folgenden Tagen kurz telefoniert. Dann fuhr sie für vier Wochen in den Urlaub. Irgendwann schickte ich ihr eine SMS, sie antwortete erst Tage später. Von Peter hörte ich, dass sie einen Freund hatte. Ob die beiden erst nach unserer Begegnung zueinander fanden, wusste Peter nicht. Schade, Linda dürfte jederzeit bei mir klingeln.

27. GESCHICHTE

Liebe geht durch den Magen

*Michael (45), Ingenieur, Berlin,
über
Denise (41), Apothekerin, Berlin*

In der Suppe ist das Salz entscheidend. Im Leben ist es der Sex. Warum nicht beides verbinden? Aber jetzt im Ernst. Die Sache mit dem Salz habe ich mir nicht zurechtgelegt. Sie hat sich ergeben. Damals in Wismar. Dort oben an der Ostsee habe ich für die Werft gearbeitet. Ich bin nach dem Studium nach Wismar, als es die DDR noch gab. Dort kannte ich niemanden, denn aufgewachsen bin ich in Greifswald, das weiter östlich an der Ostsee liegt. In Wismar habe ich in einem maroden Altbau gewohnt, viergeschossig, zentral.

Nach wenigen Wochen stellte ich fest, dass ich auf der Werft niemanden kennenlernen würde, mit dem ich mein Leben hätte teilen wollen. Nicht mal mein Bett. Es gab nur wenige Frauen dort, und die waren meist vergeben. Die drei, vier Singledamen sahen wie Kugelstoßerinnen aus. Achselhaare hatten damals übrigens noch alle. Aber Beine wurden schon rasiert. Ich glaube, Ost und West unterschieden sich dahingehend nicht.

Da ich in Wismar niemanden kannte und mich meine Kolleginnen nicht reizten, blieben nur die Kneipen der Stadt und mein

Wohnhaus, um jemanden kennenzulernen. Aus der Wohnung gegenüber hatte ich eine Frau telefonieren hören. Kurz entschlossen klingelte ich, die Tür ging auf. »Hallo, ich bin Michael, ich bin gegenüber eingezogen«, sagte ich und lächelte. Die junge Frau stellte sich als Birgit vor. Sie war ungefähr in meinem Alter, wohnte auch allein und war ebenfalls neu in der Stadt. Birgit war Lehrerin, Deutsch und Kunst. So sah sie auch aus. Dicke Brille und hochgestecktes Haar, ein klassischer Dutt.

Nach ihrer Kurzvorstellung schaute mich Birgit fragend an. Mit einem Besuch eines unbekannten Nachbarn hatte sie nicht gerechnet. »Ich wollte eigentlich nur fragen, ob du vielleicht Salz hast«, fuhr ich freundlich fort. »Ich wollte mir Kartoffeln machen.« Das stimmte. Birgit leuchtete mein Wunsch ein, sie nickte, ging in die Küche und kam mit Salz zurück. »Na dann, guten Appetit«, sagte sie. Nach dem Salz hatte ich zwar spontan gefragt, allerdings sollte sich das Mineral nicht nur als Türöffner herausstellen. Es öffnete auch Birgits Dutt, ihre Bluse, ihre Schenkel, ein bisschen vielleicht sogar ihr Herz.

Als ich das Salz zurückbrachte, bedankte ich mich mit einer kleinen Portion heißer Bratkartoffeln. Birgit lud mich zum Nachtisch in ihre Wohnung ein. Wir aßen Schokolade und tranken Wein, der aus einem Anbaugebiet in Thüringen stammte, das Traubensaftfreunden aus Westdeutschland wahrscheinlich nichts sagt, aus dem aber ein Tropfen kam, der in der DDR in nicht unerheblichem Maße konsumiert worden ist. Eine halbe Flasche später öffnete sie ihren Dutt, das erstaunlich lange Haar fiel ihr sanft über die Schultern. Sie sah sexy aus, gar nicht mehr nach Deutschlehrerin. Und als wollte Birgit mit ihrem Image vollends aufräumen, nahm sie die Brille ab und erfrischte sich am Waschbecken mit einem Schwall kalten Wassers. Das Wort »sexy« war damals nicht Teil meines aktiven Wortschatzes. Ich dachte eher: »Die ist dufte!«

Es wurde etwas kälter, der Wein war fast alle, Birgit kuschelte sich an mich. Das ging in der DDR genauso schnell wie heute im Westen. Sie bat mich in weinseliger Laune, bei ihr zu übernachten. Das wiederholte sich in den folgenden Monaten. »Und alles wegen des Salzes«, sagten wir nach solchen Gelegenheiten.

Dann kam die Wende. Birgit wurde an eine andere Schule versetzt. Auch die Zukunft der Werft wurde ungewiss. Ich wollte sowieso in eine richtige Stadt. Eine wie Berlin. Als Ingenieur findet man überall Arbeit. Ich zog nach Prenzlauer Berg, dort gab es Anfang der 90er Jahre noch in jeder Straße freie Wohnungen. Wieder Altbau, wenn an der Fassade auch der Putz bröckelte, dafür mit Balkon.

In Berlin kannte ich ebenfalls niemanden, gelegentlich kamen Freunde aus Greifswald zu Besuch. Ich hatte viel Zeit, denn mit der Jobsuche wartete ich. Mein Erspartes reichte, die Stellenanzeigen für Ingenieure stimmten mich gelassen. Ich genoss die Stadt. Berlin war aufregend, vor allem im Sommer. Ich ging in Kneipen, über Flohmärkte, durch Parks. Nach ein paar Wochen saß ich mit einem Bier in meiner Küche und hatte Sehnsucht nach gut riechendem Haar, das auf glatte Haut fällt. Was tun? Ich erinnerte mich an meine ersten Wochen in Wismar. Und irgendwie träumte ich mich in eine Welt, in der man(n) nach Salz fragt und eine reizende Nachbarin einem nicht nur das Mineral reicht, sondern auch die Couch anbietet.

Ich ging ins Bad, parfümierte mich, zog ein Holzfällerhemd an, in der Art wie es im selben Jahr von Kurt Cobain getragen worden ist. Ich wohnte unter dem Dachgeschoss im vierten Stock und würde mich von oben nach unten durch das Haus klingeln. Auf jeder Etage gab es zwei Wohnungen, im Erdgeschoss war nur eine vermietet. Macht abzüglich meiner eigenen Wohnung sechs Mietparteien. Könnte bei sechs Nachbarn eine attraktive Frau dabei sein? Was in Wismar gut ging, wird doch wohl auch in Berlin klappen. Ich leerte das Bier auf ex, los ging's.

Die erste der sechs fraglichen Türen war direkt neben meiner Wohnung. Ich hatte dort drinnen mal im Halbschlaf eine Frauenstimme vernommen. Ich schaute auf meine Armbanduhr, Handys gab es noch lange nicht. Es war genau 20 Uhr. Ich klingelte. Niemand machte auf, ich hörte keine Schritte. Ich ging eine Treppe runter. An der zweiten Tür hing ein Landschaftsfoto, ein idyllischer See. Die junge Frau, dir mir öffnete, lächelte bescheiden, strich sich eine Haarsträhne hinters Ohr und schaute mich mit Rehaugen an: »Ja?« Fast hatte ich vergessen, weswegen ich geklingelt hatte. Kurz bevor mein Schweigen peinlich geworden wäre, stammelte ich los: »Guten Abend, ich wohne seit Kurzem über Ihnen. Blöd, aber ich habe kein Salz mehr und wollte mir gerade was kochen.« Sie lächelte amüsiert und rief laut: »Schatz, haben wir Salz?«

Frauen mit Rehaugen sind immer vergeben. Aus einem der hinteren Zimmer schrie ein Mann: »Was?« Ob er mal das Salz holen könne. »Das Salz?!«, krakelte er ungläubig zurück. Sie sagte »Entschuldigung!«, drehte sich um, da kam er ihr schon im Flur entgegen. Er sah auch nicht schlecht aus. Fast war ich neidisch. In der Hand hielt er einen Salzstreuer. Sie gab ihm einen Kuss, mir das Salz. Wir plauschten zu dritt über Berlin, über die Wende, über das junge Glück der beiden. Manchmal bin ich Masochist.

Die nächste Tür auf dieser Etage ließ ich ausfallen. Die beiden Turteltauben hätten es gemerkt. Meine Tour sollte unauffällig bleiben. Also eine Treppe runter. Ich klingelte an der vierten Tür, es hörte sich an, als käme eine Schulklasse durch den Flur. Im Türrahmen standen aber nur zwei Frauen. Zwei Frauen mit tätowierten Armen. So richtig tätowiert, mit Herzen, Schwertern und Fäusten. Die eine Frau war blass, schwarzhaarig, geschminkt. Die andere war sonnengegerbt und sah aus wie die Kugelstoßerinnen aus der Werft in Wismar. Das waren bestimmt Lesben. »Ham wa nich, jehn erst morjen eenkoofen.« Na dann, schönen Abend. Den fünften Versuch konnte ich nebenan starten. Ein Mann machte auf, rauchend und in Latschen, die meinen Hausschuhen verblüffend ähnlich waren. Er gab mir eine alte Papppackung. »Ist geschenkt, muss eh einkaufen.« Ich bedankte mich. So ein netter Mensch. Leider ein Mann.

Eine Treppe runter. Klingeln. Tippelschritte hinter der Tür, sie geht auf, ein schmaler Mensch lugt hervor. Ich sag's gleich: Volltreffer! »Hallo, ich bin gerade erst oben eingezogen und habe meine Küche noch nicht richtig ausgestattet. Haben Sie vielleicht Salz für mich?« Die junge Frau lächelte irritiert. »Ja, klar.« Sie sah so aus wie die Frauen in den Joghurt-Werbungen zehn Jahre später. Leichtfüßig, lebensfroh, lieblich. »Ich bin übrigens Denise«, sagte sie und reichte mir eine Packung Jodsalz. »Ich bin Michael«, sagte ich. »Danke, ich bringe das Salz bald wieder.« Dann ging ich.

In ein Gespräch wollte ich Denise nicht verwickeln. Noch nicht. Schließlich musste ich zurück in meine Küche, weil Denise doch dachte, dass ich mit ihrem Salz was kochen wollte. Zum Glück hatte ich noch Tiefkühlfisch. Als ich das Salz am nächsten Tag zurückbrachte, bedankte ich mich mit einem Stück Scholle in einer Plastikbox, ich nehme an, man würde heute Tupperware sagen. Ich legte etwas Petersilie dazu. »Ach, das ist aber lieb«, sagte Denise. Ich ging wieder hoch.

Die nächsten Tage war ich nicht zu Hause. Ich besuchte meine Eltern in Greifswald. Denise hatte noch meine Tupperware, die Dose passte nicht in meinen Briefkasten, wir mussten uns also wiedersehen. An einem späten Samstagnachmittag klingelte sie. »Deine Dose«, sagte sie und hielt mir die Plastikschachtel entgegen. »Danke, hat es geschmeckt?« Denise sagte, es sei sehr lecker gewesen. »Das freut mich.« Eine Pause entstand. Sie schaute mich erwartungsvoll an. »Sag mal, es ist schon spät, die Läden haben zu, hast du noch mal Salz?«, fragte ich. Wir lachten, Denise tippelte die Treppe zu ihrer Wohnung runter und kam mit der mir inzwischen bekannten Jodsalzpackung zurück. »Bitte!« Von nun an war es nur noch ein Schauspiel. »Willst du diesmal vielleicht mit essen?«, fragte ich – nicht umsonst hatte ich Spaghetti, Pfifferlinge und Parmesan zum Reiben gekauft.

Nach dem Essen wollte Denise in weiser Voraussicht ins Bad. Sie fragte nach einer Zahnbürste. »Immer saubere Zähne haben ist eine Apothekerinnenmacke«, erklärte sie mir. Zum Glück hatte ich eine verpackte Billig-Zahnbürste vorrätig. Ich selbst schob mir einen Kaugummi rein. Als Denise aus dem Badezimmer zurückkam, küsste ich sie.

Ich werde nie vergessen, dass Denise sogar in der Missionarsstellung kam und sich dabei derart in meinen Rücken krallte, dass Kratzspuren blieben. Die Stille nach dem Orgasmus unterbrach Denise durch einen aufschlussreichen Satz: »Ich bin in einer Beziehung.« Mehr nicht. Sie zog ein paar Monate später aus. Ich glaube, mit ihrem Freund zusammen. Ich habe nie wieder eine Frau nach Salz gefragt.

28. GESCHICHTE

Doggy Style

*Ole (28), Barkeeper, Göteborg,
über
Helena (23), Praktikantin, Göteborg,
Maja (26), Studentin, Stockholm,
Anna (29), Angestellte, Melbourne*

Meine Freunde sagen, ich hätte diesen Blick. Diesen Augenaufschlag. Man wolle mich einfach in den Arm nehmen, sich um mich kümmern, sich sorgen. Offenbar wecke ich bei Frauen regelmäßig Beschützerinstinkte, vielleicht sind es Muttergefühle. Seit ich 17 Jahre alt bin, werde ich von wildfremden Mädchen und Frauen gefragt, wie es mir gehe, was mich bedrücke, ob sie mir irgendwie helfen könnten. Sie fragen mich, wenn ich arbeite, in Kneipen und Bars, wenn ich trainiere, in Fitnessstudios und auf Laufbahnen, wenn ich faulenze, auf Wiesen und Parkbänken. Vielleicht sehe ich gut aus. Vor allem hilflos.

Ich habe meinen Blick nicht trainiert, er ist einfach da. Aber im Laufe der vergangenen zehn Jahre ist mir seine Wirkung bewusst geworden. Inzwischen weiß ich, wann ich ihn einzusetzen habe. Und ich setze ihn oft ein. Meine Freunde glauben, 80 Prozent der Frauen, mit denen ich Sex hatte, sind wegen meines Hundewelpenblicks mit mir im Bett gelandet. Das wären dann 80 Frauen, denn mit 100 hatte ich sicher Sex. Wahrscheinlich waren es mehr, doch das klingt so nach Angeber. Ich kann mich jedenfalls nicht beschweren. Ein Grund für meinen regen Kontakt mit dem anderen Geschlecht ist auch, dass ich seit sieben Jahren in Bars arbeite.

Frauen wie Männer sind enthemmter, wenn Alkohol geflossen ist – und sehnsüchtiger, je eher die Nacht zum Morgen zu werden droht, an dem sie wieder allein aufwachen.

Helena zum Beispiel. Ich traf sie gegen Mitternacht in einer Kneipe in meiner Heimatstadt Göteborg. Ich hatte Tresenschicht. Draußen begann es, in Strömen zu regnen. Deshalb wurde die Kneipe in wenigen Minuten noch voller, als sie an diesem Abend sowieso schon war. Auch Helena spülte es an den Tresen. Schweden betrinken sich oft vor Mitternacht, denn die meisten Bars machen zwischen 2 und 3 Uhr zu. Bei mir am Tresen kostet ein Pils fast fünf Euro. Kein Wunder also, dass Helena schon vorgetankt hatte. Ich sah ihr das an. Sie hatte diesen heiteren Blick. Als sie Rum-Cola bestellte, erklärte sie mir sofort, dass das ihr letztes Getränk in dieser Nacht sein würde. Sie sollte recht behalten.

Ich war erschöpft. Wie gesagt, die Nächte bei uns in Schweden fangen früh an. »Du siehst aber fertig aus«, sagte sie mitleidig. »Ich bin übrigens Helena.« Ich nahm die Rumflasche vom Regal und entschied mich, ihren Erwartungen gerecht zu werden. Schwermütig antwortete ich: »Ich bin Ole.« Dazu lächelte ich gequält. Helena fragte, ob mich etwas bedrücke. Tat es nicht. Aber weil sie sehr gut aussah, spielte ich den erschöpften Nachtarbeiter. »Ich bin extrem müde«, sagte ich, »leider geht die Schicht noch lange.« Helenas Anschlussfrage war vorhersagbar. »Wann hast du denn Schluss?« Bis 3 Uhr müsse ich machen, erklärte ich. Und dann noch aufräumen und wischen. Das dauere ewig. »Es sei denn, ich sage dem Chef, dass es einen Notfall gibt und ich mit meiner Schwester zu meinen Eltern muss.« Nun ein trübseliger Blick. »Leider habe ich keine Schwester.« Helena schrie fast: »Hey, ich könnte deine Schwester sein!«

An diesem Abend war der Chef gar nicht da. Der Ersatzchef war ich, den Tresen hätte ich jederzeit meinem Kollegen überlassen können. Dennoch sagte ich Helena, sie solle an der Bar warten. Ich müsse das klären gehen. Nach zwei Minuten kam ich aus dem Lager zurück: »Der Chef hat dich durch den Türschlitz gesehen und gesagt, dass du viel zu gut aussiehst, um meine Schwester zu sein.« Helena war geschmeichelt. »Ich darf gehen«, sagte ich. Sie überlegte kurz, fragte schließlich, was ich vorhätte. »Keine Ahnung. Ich muss mich entspannen, vielleicht einfach eine DVD einlegen.« Als meine Schwester musste sie ja sowieso mit rauskommen. Auf der Straße fielen ihr dann plötzlich ihre Rückenschmerzen auf. »Auf der Couch liegen und DVD schauen wäre jetzt gar nicht schlecht.« Den Rest kann sich jeder denken. Auf dem Sofa sitzen, Film läuft, in Liegeposition rutschen, küssen, ausziehen, Sex, Film zu Ende gucken, einschlafen.

Derlei Erlebnisse wiederholten sich, nicht nur wenn ich hinter dem Tresen stand. Etwa in Stockholm. Dort hatte ich ein paar Semester studiert. Stockholm ist unsere Hauptstadt, es leben mehr Schickimicki-Leute dort als in Göteborg. Aber auch in Stockholm regnet es häufig. Wie an dem Abend, als ich Maja traf. Sie war Kellnerin in einem schicken Restaurant in der Innenstadt. Ich war diesmal Gast. Ich stocherte in meinem Salat, eine Hauptspeise konnte ich mir in diesem Lokal nicht leisten. Maja hatte einen Pony, der ihr fast über die Augen fiel. Sie sah süß aus, wenn sie die Haare wegpustete, um besser sehen zu können.

Ich bestellte einen Wodka. Pur. Kellnerin Maja schaute mich mitleidig an. Wodka wurde dort wahrscheinlich eher selten geordert. Ich bestellte noch einen Wodka und guckte wie ein geprügelter Dalmatinerwelpe durch die Fenster in den Regen. »Was ist denn passiert?«, fragte Maja. »Meine Schwester ist wieder mit ihrem Ex zusammen und der ist der größte Arsch der Welt«, antwortete ich. Vielleicht sollte ich noch mal betonen, dass ich keine Schwester habe. Nur einen Bruder. Und der ist nie traurig.

Maja fand einen Mann, der sich um seine Schwester sorgte, in jedem Fall sympathischer als einen Mann, der sich um seinen lebensfrohen Bruder nicht sorgen musste. Sie sprach mit ihrem Kollegen an der Küchentür, zog den Kellnerkittel aus und setzte sich zu mir. »Ich habe in fünf Minuten Schluss«, sagte sie. »Dass dich das mit deiner Schwester so bedrückt ist süß.« Na bitte! Maja erzählte mir, dass sie sich immer einen großen Bruder gewünscht habe. Und dass ich mir keine Sorgen mache solle, meine Schwester sei schließlich ein mündiger Mensch. »Oder? Wie alt ist sie denn?« Über das Alter meiner Schwester hatte ich mir noch gar keine Gedanken gemacht. »Gerade 24 geworden«, sagte ich, weil das ungefähr Majas Alter sein musste. »Genau wie ich«, rief sie. Wer sagt's denn!

Maja fragte, was ich noch vorhätte, in diesem Zustand könnte sie mich ja wohl kaum allein in den Regen lassen. »Keine Ahnung. Ich bin müde, aber vielleicht ist allein sein keine gute Idee«, sagte ich. Maja fand mich offenbar so harmlos, dass ich den Vorschlag mit dem DVD-Abend gar nicht selbst machen musste. Sie habe ein paar heitere Filme. »Auf der Couch liegen und DVD schauen wäre heute wahrscheinlich gerade richtig«, sagte ich. Und auch in Stockholm saßen wir schließlich auf ihrem Sofa, eine DVD lief, wir küssten uns, Sex.

Das nächste Semester studierte ich in Melbourne. Der schwedische Staat unterstützt seine Studenten finanziell einigermaßen einträglich. Aber in Australien scheint dauernd die Sonne und deshalb hängt man selten zu Hause rum, also gibt man mehr Geld aus. Ich musste etwas dazuverdienen. In der Nähe von Melbourne gibt es eine nachgebaute Goldgräberstadt – einen riesigen Freizeitpark, mit allem, was die eingewanderten Glücksritter vor 200 Jahren so hatten: Läden mit traditionellen Speisen, einen Bach samt Schürfsieben, Pferde, einen Schmied, eine Bar. Dort bewarb ich mich. Die Chefin war Anna. Mit ihren hohen Wangenknochen, den strengen Augen und dem markanten Kinn sah sie auch so aus.

Anna war viel unterwegs. Sie ackerte und ackerte. Erst wenn die Tageseinnahmen abgerechnet waren, blühte sie auf. Wie die meisten Australierinnen stand sie auf Livemusik. Mit Kollegen betrank sie sich auf den Konzerten lokaler Bands. Nach zwei Wochen fragte mich Anna am Ende der Schicht, ob ich nicht mitkommen wolle. »Zum Aufheitern, du siehst so sorgenvoll aus«, sagte sie. Dabei hatte ich meinen Hundeblick noch gar nicht eingesetzt. Anna schleppte mich in einen Pub in die Innenstadt. Dort spielte eine Band, deren Musik total lebensbejahend wäre.

Das Konzert war nett. Nicht spektakulär, aber nett. Anna war gut drauf. Sie wünschte sich, dass auch ich mich freute. »Du bist nur einmal hier«, sagte sie. »Ich kann nicht verantworten, wenn du in Australien nicht mindestens einmal richtig abgegangen bist.« Wir tranken, wobei ich viel weniger vertrug als sie. Anna fand das süß. Noch süßer fand sie, als ich fragte, welcher Bus denn so spät noch fahre. »So allein kann ich dich wahrscheinlich nicht nach Hause lassen«, stellte sie fest. Sie winkte ein Taxi ran. Zu Hause hatte Anna ziemlich schnell ein Gästebett fertiggemacht.

Vielleicht wollte sie mir wirklich nur einen Gutenachtkuss geben, denn sie machte keine Anstalten, sich neben mich zu legen. Ich zog sie zu mir, sie richtete sich auf, um mir noch etwas zu sagen. »Ich finde es wirklich lieb von dir, dass du mitgekommen bist«, begann sie ungewohnt pathetisch. »Ich will nur ganz sicher sein, dass du es wirklich machen möchtest?« Das fragen doch sonst Jungen ihre Mädchen. Habe ich es mit dem unschuldigen Welpen übertrieben, hat sie Angst mir wehzutun? »Klar will ich es, warum nicht?« Ihre Antwort werde ich nie vergessen: »Ich war nicht immer eine Frau.« Stille.

An Sex dachte ich nicht mehr. Anna hatte dafür Verständnis. Ich habe noch bei ihr übernachtet. Allein auf der Gästecouch. Anna war fürsorglich, samt Schlaf-T-Shirt und aufgeschäumter Milch zum Morgenkaffee. In den kommenden Wochen arbeiteten wir problemlos zusammen. Eine seltsame Vertrautheit verband uns. Ich glaube nicht, dass alle wussten, dass sich Anna in ihrem Leben für ein Geschlecht entscheiden musste. Ob ihr Kopf oder Körper oder beide zuvor auf zwei Hochzeiten getanzt haben, erzählte sie mir nicht. Ich habe auch nicht gefragt. Jedenfalls wollte er vor zehn Jahren eine Frau werden. Ich finde, das ist gelungen. Als ich nach Schweden zurückging, schenkte sie mir ein Andenken, ein kleines Schnabeltier aus Gold. Schnabeltiere leben nur in Australien und sind die einzigen Säugetiere, die Eier legen.

Seit einem Jahr habe ich eine Freundin. Richtig fest, mit Liebe und großer Zukunft. Wir haben uns bei einem Volkshochschulkurs in Göteborg kennengelernt. Die Abendklasse hieß »Literatur von Frauen für Frauen« und war exakt so gemeint. Ich war nur dort, weil ich eine Wette verloren hatte. Sie studierte Gender Studies und war aus Überzeugung in der Volkshochschule – als Leiterin der Klasse. Nun ist sie schwanger. In zwei Monaten kommt unser Kind. Ich freue mich auf ein Leben mit meiner Familie. Schließlich habe ich genug Frauen (und einen Exmann) gesehen. Wegen meines Blickes.

29. GESCHICHTE

On the Gaydar

*Markus (47), Ingenieur, Hamburg,
über
Frank (Ende 40), Exsoldat, Hannover*

Also der Quotenschwule. Ich. Mal wieder. Na gut, schon weil es Heterosexuelle mit dem Abschleppen nicht ganz so einfach zu haben scheinen wie Schwule. Ich jedenfalls habe heterosexuelle Singlefreunde, die wegen der Anzahl ihrer weiblichen Eroberungen als vergleichsweise erfolgreich gelten und bei denen in den vergangenen zehn Jahren trotzdem keine 50 Frauen zusammengekommen sind. So viele Männer habe ich in zehn Monaten. Und ich bin nicht mal Single.

Von George Clooney mal abgesehen, habe ich noch von keinem Heteromann gehört, dass er tausend Frauen gehabt hätte. Aber fast alle schwulen Freunde meines Alters, die regelmäßig *cruisen* gehen, hatten tausend Typen. Ach so, »Cruising-Areas« heißen bei uns szenebekannte Orte, an die Schwule kommen, um andere Schwule zu treffen. In diesen einschlägigen Bars, Saunen und Parks kannst du jeden Abend einen anderen Jüngling aufgabeln. Vorausgesetzt du bist selbst noch kein Rentner und wie ich eher der aktive, dominante Typ. Passive Schwule sind häufiger, folglich haben wir Aktiven größere Auswahl.

Außerhalb solcher Cruising-Areas haben wir ein Problem. Wir müssen jemanden finden, der sich von einem Mann mitnehmen lassen will und selber ein Mann ist. Jeder meiner heterosexuellen Freunde hat mich irgendwann einmal gefragt, wie wir uns gegenseitig erkennen. Gibt es sichtbare Merkmale, an denen wir in freier Wildbahn zweifelsfrei einen schwulen, bisexuellen oder wenigstens hochgradig neugierigen Mann identifizieren? »Bekommst du nicht dauernd Prügel angedroht, weil du einen normalen Mann anmachst?«, fragte mich mein Schwager kürzlich. Schließlich sei doch selbst in Städten wie Hamburg allerhöchstens jeder zehnte Typ vom anderen Ufer. Stimmt, wobei kein Schwuler dieser Welt die Phrase »vom anderen Ufer« verwenden würde. Vom anderen Ufer sind höchstens die Heteros.

Fest steht, spätestens seit David Beckham sind rasierte Brust und gezupfte Augenbrauen kein Erkennungsmerkmal mehr. Jeder heterosexuelle Banker sieht schwuler aus als ich auf einer Tuntenparty. Also, wie erkennen wir uns nun? Wir haben ein »Gaydar«. Mit dieser szenebedingten Wortkreuzung aus »Gay« und »Radar« ist eine Art sechster Sinn gemeint. Einer, der nur dazu da ist, die sexuelle Orientierung eines fremden Mannes zu erfassen. Bei jungen Schwulen ist dieser Sinn nicht immer ausreichend ausgeprägt, gelegentlich liegt das Gaydar bei heranwachsenden Homos daneben und hat einen ahnungslosen Heterojungen fälschlicherweise als potenziellen Partner geortet. Da können durchaus peinliche Situationen entstehen. Ich habe kurz nach der Wende mal einen Turner, Anfang 20, in einer Bar getroffen. Ich war mir so sicher, dass ich ihn nach wenigen Minuten gefragt habe, was er davon halte, gleich mit einem Taxi zu ihm zu fahren, ich würde es gerne bei ihm zu Hause machen, weil ich mich auch dafür interessiere, wie er so wohnt. Er war total verängstigt und hat gestammelt: »Meine Freundin schläft schon.«

Studien haben aber ergeben, dass erfahrene Schwule anderen Männern selbst auf einem Bahnhof in wenigen Sekunden ansehen, ob sie auf Frauen stehen oder nicht. Es ist der Blickkontakt, das gegenseitige Mustern. Guckt mir ein Unbekannter ein paar Zehntelsekunden länger in die Augen, als man für einen gelangweilten Ich-schau-in-jedes-Gesicht-Streifblick braucht, ist er mindestens kein Schwulenhasser. Ein Hetero würde aus Scham oder Angst keinem meiner Blicke standhalten, weil ich ihn so taxiere, wie er allenfalls Frauen während der Brunft ansieht. Wer meinen Blicken ausweicht, erzeugt keinen Reflexionspunkt auf dem Gaydar.

Am Blickkontakt sind Heteromänner übrigens viel sicherer zu erkennen als an einer Freundin oder Ehefrau. Denn immer noch gilt: Wer in Deutschland hoch hinauswill, hat besser eine Dame an seiner Seite. Darüber können auch Guido Westerwelle und Klaus Wowereit nicht hinwegtäuschen. Im Laufe der vergangenen 20 Jahre habe ich rund 100 Männer gehabt, die offiziell nicht schwul waren. Sondern ganz normale Fußballfans, Polizisten und Deutschlehrer, samt Frau, Kindern und Unglück.

Beispielsweise Frank. Ihn habe ich vor vielen, vielen Jahren in einer Kleinstadt getroffen, die eigentlich nur das Anhängsel einer großen Kaserne ist. Frank war Soldat bei der Bundeswehr und allen Ernstes in der Jungen Union. Mich hatte es nur wegen meiner Tante in jenen Ort verschlagen. Mit dem Fahrrad holperte ich über das Kopfsteinpflaster der alten Marktstraße, als mein Gaydar ausgerechnet hier in der Provinz heftig anschlug. Frank ging schnellen Schrittes die Straße runter, schlanke 1,90 Meter, schnittige Uniform, blonder Kurzhaarschnitt. Mit großen Augen schaute er mir direkt ins Gesicht, eine Zehntelsekunde zu lange. Ich dachte sofort: Den schnappe ich mir.

Ich lächelte den mir noch unbekannten Soldaten offensiv an. Er riss den Kopf weg, blickte stur geradeaus und ging zügig weiter. Hatte ich mich vielleicht doch geirrt? Mein Gaydar war damals ja auch noch nicht lange aktiv, ich hatte erst zwei, drei Jahre vorher, kurz nach meinem eigenen Wehrdienst, mein Coming-out gehabt. Und die Erfahrung mit dem Turner lehrte mich, dass auch ich mich gelegentlich irrte.

Bevor Frank in der Kaserne zu verschwinden drohte, musste ich ihn testen. Ich bog in die nächste Straße ein, fuhr einen Halbkreis durch den Ortskern und kam Frank erneut entgegen. Er sah mich wieder an, dann wieder weg. Was hat der sich denn so?! Es wurde schwieriger als gedacht. Ich schloss mein Rad an einen Baum an und ging zum nächsten Schaufenster, beäugte interessiert die Auslagen – Heimwerkerbedarf, wie cool! In der spiegelnden Fensterfront sah ich Frank ebenfalls stehen bleiben. Auch er schaute sich ein Schaufenster an – Damenschuhe, wie interessant!

Die Marktstraße war nicht lang. Zwei Schaufenster und eine Straßeneinfahrt weiter mündete sie in den Rathausplatz. Bevor er unter einem Vorwand in der Straße hätte verschwinden können, habe ich mich ruckartig umgedreht und ihn angestarrt. Frank, zehn Meter hinter mir, blieb erschrocken stehen. Er saß in der Falle und fühlte sich ertappt. Sein finsterer Blick wurde panisch. Kein Schaufenster mehr in der Nähe, für das er sich hätte interessieren können. Eine Zeitung hatte er auch nicht dabei, verstörtes Lesen fiel aus. Und einen plötzlichen Anruf vortäuschen ging nicht – Mobiltelefone hatten damals nur Männer wie Gordon Gekko aus *Wall Street*, der erste Teil selbstverständlich.

Zum Glück war Franks Sextrieb stärker als sein Fluchtinstinkt. »Hallo«, sagte ich. »Ich zerbreche mir schon die ganze Zeit den Schädel: Kennen wir uns?« Er stammelte: »Ich glaube nicht.« Ich antwortete: »Dann sollten wir das nachholen.« Ich grinste ihn an. Jetzt schmunzelte auch er. So einfach ist das. Es ist immer wieder faszinierend zu beobachten, wie sich das Gesicht eines Menschen verändert, sobald man selbst die Mundwinkel nach oben zieht. Warum fällt den meisten Menschen ein verärgerter, abweisender Gesichtsausdruck leichter als ein freundlicher, offener?

In Franks speziellem Fall kamen mehrere Faktoren zusammen. Er war nicht nur offiziell heterosexuell, samt Frau und baldigem Nachwuchs, sondern hatte sich selbst noch nicht eingestanden, dass er eigentlich Männer favorisierte. Ein stilles Coming-out, nur für sich, stand erst bevor. Und so war ich der erste Mann in seinem Leben.

Wir schlenderten über den Rathausplatz in einen Park. Ich sagte ihm ganz unverblümt, dass er schöne Lippen habe. »Die müssen unbedingt geküsst werden«, stellte ich fest. Er wurde rot. Süß! Doch Frank war unsicher: »Ich mache das sonst nicht.«

»Was denn?«

»Na, so etwas, mit einem Mann ...« Ich nahm seine Hand, sagte ihm, dass er es sicher besser finden werde als das Rumgemache mit Mädchen. Mit großen, hoffnungsvollen Augen sah mich Frank an. Es gibt nichts Schöneres, als einen vermeintlichen Hetero auf den richtigen Pfad zu führen.

Zu ihm konnten wir nicht. »Meine Frau ist da.« Zu meiner Tante konnten wir auch nicht, die wäre vom Glauben abgefallen und hätte mir zu Weihnachten nie wieder Geld geschenkt. Wir liefen durch den Park, an den ein Eschenhain grenzte. Zwischen den Bäumen wuchsen Büsche, sie standen dicht und ließen keinen ungebetenen Blick zu. Hatte ich zunächst noch das Gefühl, Franks fragiles Selbstbewusstsein mit Blick auf die drei Millionen anderen Schwulen in diesem Land zu stärken, ließ ich es mit den Komplimenten sein, als wir entblößt zwischen den Bäumen standen: Frank war schlank und hatte ein schmales Becken. Er würde viele Verehrer finden, egal wie er sich anstellte.

Schmale Becken sind das Qualitätsmerkmal schlechthin, wer breite Becken will, steht auf Frauen. Was Frank außerdem hatte, möchte ich hier nicht in Zentimetern beschreiben. Technisch gesehen war er vielleicht zu gut ausgestattet, er stößt sicher schnell an Grenzen. Eine Verschwendung, wenn das nur Frauen hätten erleben dürfen. Ich war ganz sanft, geduldig, was sonst nicht immer meine Art ist. Aber hier hatte ich eine Mission, Frank sollte von dieser Zwangsheterosexualisierung geheilt werden. »Wie fandest du es denn?« Er sagte leise »schön« und hatte dabei rote Wangen.

Gesehen haben wir uns nicht mehr, ich treffe mich selten mit jemandem mehrfach, schon gar nicht neben einer Kaserne. Für regelmäßige Treffen habe ich einen Freund. Ich habe Frank noch aus dem Eschenhain geführt, mit dem guten Gefühl, ihn in ein neues Leben zu entlassen.

30. GESCHICHTE

Geblendet

*Jan (30), Softwareentwickler, Berlin,
über
Bea, Schülerin, Berlin*

Mich trifft keine Schuld. Ich konnte es nicht wissen. Erstens, man sah es ihr nicht an. Zweitens, sie hat es darauf angelegt. Und drittens war sie wunderschön. Kurz nachdem ich Bea kennengelernt hatte, fingen meine Freunde an, ihre Handynummern beim Anrufen zu unterdrücken. Wenn ich die dann unbekannten Anrufe annahm, sagten sie Dinge wie: »Guten Tag, spreche ich mit Herrn Kaufmann? Hier ist Kommissar Meyer von der Sitte.« Darüber konnte ich anfangs nicht mal schmunzeln.

Ein Samstagabend in der Weserstraße in Berlin-Neukölln. Auf der Weserstraße sind an den Wochenenden Hunderte Menschen unterwegs, die aus dem Schlaf erwachten Eckkneipen sind nicht mehr nur mit den üblichen Verdächtigen gefüllt. Mit zwei Freunden sitze ich gegen Mitternacht in einem der Lokale. Alles tanzt, nur wir spielen Skat.

Wann sie den Laden betreten hat, weiß ich nicht mehr. Ich starre gespannt auf die gelegten Karten, denn ich habe das Spiel, ohne nachzudenken an mich gerissen (Grand ohne Dreien, mit einer mickrigen Fahne und zwei Assen). Sie muss gegen 1 Uhr gekommen sein. Wahrscheinlich ist der Skat an allem schuld. Spielen drei junge Männer mit halbwegs erträglichem Äußeren konzentriert

Karten, während um sie herum das Tanzbein geschwungen wird, gilt das in Berlin als Kuriosität. Vermutlich hat sich Bea zu uns gesellt, weil sie wissen wollte, wieso alle zur Musik wippen, nur wir nicht. Später werde ich ihr erklären, dass coole Männer nicht tanzen. Noch steht sie neben der Couch, auf der ich es mir bequem gemacht habe. Ich rücke zur Seite. Sie setzt sich.

Sie heißt Bea und will wissen, wie die Skatregeln lauten. Bea macht einen sehr erwachsenen Eindruck, auch wenn sie erzählt, dass sie noch zur Schule geht. »Welche Klasse bist du denn?«, frage ich. Wie aus der Pistole geschossen antwortet sie: »Ich mache gerade Abi.« Also wahrscheinlich 18 Jahre. Wie 18 wirken allenfalls ihre schlanke Gestalt und ihre unverbrauchte Haut. Ihre grünen Augen strahlen Gelassenheit aus. Für Bea schwärmen wahrscheinlich seit der Grundschule die Jungs aller Klassenstufen. Ich bin mir sicher, dass sie bei ihren Mitschülerinnen unbeliebt ist. Sie ist zu schön, zu stolz.

Ich spiele weiter (den Grand habe ich verloren, diesmal riskiere ich ein waghalsiges Kreuz mit zwei Buben, aber insgesamt nur vier Trümpfen) und erkläre Bea die Skatregeln. Irgendwann holt sie für uns alle Wodka und kippt selbst zwei Shots hinter. Krass, wie problemlos diese filigrane Frau das Zeug runter kriegt. Zu meiner Abiturzeit habe ich Berliner Weiße mit Schuss getrunken.

Die Runde wird locker. Bea erzählt von ihrem Gymnasium, von ihren Mitschülern – Jungen wie Mädchen – ist sie gelangweilt. Von ihren Partys, von ihren Klamotten, von ihrer Musik. In der Weserstraße ist sie in dieser Samstagnacht sicher die Einzige aus ihrer Schule. Sie will bald mit dem Studium beginnen. An der Musikhochschule, ihre große Leidenschaft ist das Klavierspielen.

Wir unterhalten uns über Lehrer, Berufswünsche, Erwachsenwerden. Gegen 4 Uhr verabschieden sich die anderen. Bea und ich haben bis jetzt fast drei Stunden die Köpfe zusammengesteckt, sie nach ihrer Nummer zu fragen, traue ich mich ausnahmsweise, ohne rot zu werden. Sie schreibt mir 0160 – 55 ... auf die Hand.

Ich tippe die Nummer nicht gleich in mein Handy. Soll sie ruhig jeder sehen.

Drei Tage später rufe ich an. Wir verabreden uns in einer Kneipe in der Nähe ihrer Wohnung, also dem Zuhause ihrer Eltern. Seit dem Abitur habe ich niemanden mehr getroffen, der noch bei seinen Eltern wohnt. Ein komisches Gefühl ist es schon, 18 Jahre ist mit Abstand das jüngste Date, das ich je hatte. Doch eine Klavierspielerin, die nachts mit drei fremden Männern Wodka trinkt, weiß, was sie tut. Beas Vater ist ein erfolgreicher Bauunternehmer, ihre Mutter steht einem Künstlerverband vor. Daher kommt vielleicht das nötige Selbstbewusstsein, sich an Samstagabenden in Neuköllner Kneipen zu zehn Jahre älteren Männern zu gesellen. Gekonnt fragt Bea, was ich trinken will, sie selbst bestellt sich Wein. Selbstverständlich bestehe ich darauf zu zahlen. Bea macht einen Aufstand. »Ich bin nun wirklich alt genug, um auch mal selbst die Rechnung zu übernehmen.« Auch mal? Wie viele Rendezvous mit gönnerhaften Männern hat eine Schülerin denn so?

Jungfrau ist Bea natürlich nicht, ihre letzte dauerhafte Beziehung hat sie vor zwei Jahren beendet. »Für ihn war ich die große Liebe, ich wollte aber nicht, dass er sein ganzes Leben nach mir ausrichtet«, erklärt sie sachlich. Vor zwei Jahren hatte sie ihm den Laufpass gegeben, er beendete damals gerade sein Studium: Sie müsste also 16, er dürfte 26 Jahre alt gewesen sein. Altersunterschiede waren für Bea noch nie ein Problem. Und auch der nächste Typ war älter, aber ebenfalls nicht der richtige. Jetzt sei sie erst mal nicht auf der Suche nach einer festen Beziehung, bekomme ich zu hören. Nähe sei wichtig, nur ewige Bindung nicht. Die Abgeklärtheit dieser Frau ist unheimlich.

Ich wundere mich, weil ich in ihrem Alter felsenfest geglaubt habe, meine damalige Freundin würde es für den Rest meines Lebens bleiben. Na gut, ich habe mich in Beas Alter auch nicht zu skatspielenden Herren an den Tisch gesetzt, von Wodka in Serie ganz zu schweigen. Bea verheimliche ich meine Weichherzigkeit, sie wird sich nicht mit mir getroffen haben, weil ich so romantisch bin. Wir sitzen auf einer durchgesessenen Kneipencouch. Unser Sprechrhythmus gleicht sich an, wir rutschen tiefer in das Sofa, liegen Schulter an Schulter.

Sie kann gut küssen. Wir sind voneinander begeistert. Doch für heute muss Bea nach Hause. »Hab morgen Schule«, sagt sie. Ich werde auf den Boden der Tatsachen zurückgeholt: Bea ist eigentlich zu jung, auch für ihre anschließend nonchalant vorgetragene Frage, die mehr einer Feststellung, fast einer Aufforderung gleicht: »Treffen wir uns Freitag, da hab ich sturmfrei? Meine Eltern sind segeln, du könntest bei mir schlafen!«

Ich habe niemandem von meinem Date mit Bea erzählt. Stefan und Sebastian sage ich, die Kugelschreiber-Handynummer auf meiner Hand sei im Laufe der Nacht verwischt. »Selber schuld, hättest du sie mal gleich eingetippt«, sagt Stefan. Ich nicke einsichtig.

Als Bea und ich uns am Freitag treffen, sind wir beide gut drauf. Ich bin entspannter als beim letzten Mal. Da morgen Samstag ist, werde ich nicht durch den Hinweis auf die Schule an Beas junges Alter erinnert. Nun geht alles ziemlich schnell, sie schlägt vor, zu ihr zu fahren. Kaum haben wir die Wohnung ihrer Eltern betreten (hohe Decken, schwere Möbel, Gemälde an den Wänden), wird Bea ungeduldig. Sie öffnet meinen Gürtel, zieht mich auf ihr Bett. Aus Gründen des Persönlichkeitsschutzes möchte ich mich zum Sex nicht äußern – er war gut. Nur eine Warnung: Auf Kondome bestehe ich, ihr reicht der Verweis auf das ordnungsgemäße Einnehmen der Pille: »Jan, ich bin doch nicht doof.« Dass Krankheitserreger nicht deshalb wieder umdrehen, weil sie künstliches Östrogen schluckt, wird ihr sicher der nächste Mann noch mal erklären. Hoffe ich.

Am nächsten Morgen ist Bea früher wach als ich. Sie wirkt froh, hat aber ein ernstes Anliegen. »Du Jan, ich muss dir was sagen.«

»Irgendwas Schlimmes?«

»Hmm, na ja, für mich nicht. Aber vielleicht für dich: Ich bin 15.«

Mir wird schwarz vor Augen. In anderen Ländern muss man dafür jahrelang in den Knast. Die deutschen Gesetze legen fest: Sex eines mindestens 21 Jahre alten Erwachsenen mit einer 15-Jährigen kann bestraft werden, wenn die Eltern Anzeige stellen und ein Gericht zum Schluss kommt, dass der Erwachsene (also ich!) eine »fehlende Fähigkeit zur sexuellen Selbstbestimmung« der Jugendlichen ausgenutzt hat. Wie sich herausstellt, ist Bea wenigstens in allen anderen Fragen ehrlich gewesen – nur, dass eben alles ein paar Jahre früher passierte. Das erste Mal Sex mit 13, sie geht nicht in die zwölfte, sondern in die zehnte Klasse.

Wir haben uns nur noch zwei Mal gesehen und uns ganz gut unterhalten. Dann sagte ich ihr, dass wir uns wohl nicht mehr treffen werden. Bea fand das nicht über alle Maßen problematisch. Ich habe ihr aus vollem Herzen alles Gute gewünscht. Klavier spielt sie übrigens immer noch. Und zwar ziemlich erfolgreich. Das habe ich festgestellt, als ich sie zwei Jahre später gegoogelt habe. Inzwischen tritt sie vor großem Publikum auf. Ich freue mich für sie.

31. GESCHICHTE

Super ist, wer selbst dran glaubt

*Oliver (41), Unternehmensberater, Düsseldorf,
über
Heike (35), damals BWL-Studentin, Frankfurt an der Oder*

Ich habe immer geglaubt, ich könnte alles bekommen. Das muss an der abgöttischen Liebe meiner Mutter gelegen haben. Und weil ich seit Kindertagen davon ausgehe, mir stünde alles zu, bekomme ich auch alles. So funktioniert Größenwahn: Du glaubst, du bist der Größte, du verkaufst dich so, die Leute kaufen dir das ab und dann bist du der Größte. Nur wer denkt, für ihn seien die schönsten Frauen und die besten Jobs reserviert, bekommt sie auch.

Ich habe kurz nach der Wende International Business studiert, bevor das Mode geworden ist. Und weil ich schon Mitte der 90er zwei Semester in Paris hinter mir hatte, galt ich als strahlender Exot. Zwei Tage nach meiner letzten Prüfung hat eine große Unternehmensberatung angerufen. Als Einstiegsjahresgehalt boten sie 160.000 DM für eine Stelle in Düsseldorf, wo ich herkomme. Das sind etwa 80.000 Euro! Doch ich wollte mehr und vertröstete den Personalchef um knapp drei Jahre. Ich wusste, dass ich mit einem Doktortitel mindestens 240.000 DM im ersten Jahr bekommen könnte. Zusammen mit meinem Freund Kai bastelte ich an einem Forschungsprojekt. Wir fragten bei verschiedenen Hochschulen an. Am meisten Mittel wurden unserem Projekt ausgerechnet in der ostdeutschen Provinz zugesichert, wahrscheinlich weil die Profis dort eher weg- als hinzogen. Frankfurt an der Oder hieß unser neues Zuhause.

»Oder lieber doch 160.000?«, fragte ich Kai, als der Bescheid im Briefkasten lag. Kai wies mich darauf hin, dass wir in Frankfurt an der Oder mit Einzelbüros, studentischen Hilfskräften und einem senilen Professor rechnen konnten, der uns alle Freiheiten lassen würde. »Der wilde Osten ruft, Olli!«, sagte Kai. Die Stadt stellte sich in Sachen Frauen als ungeschliffener Rohdiamant heraus. Kai blieb das nicht verborgen. Besonders angetan war er von unserer studentischen Mitarbeiterin. »So eine wie Heike hätten wir in Düsseldorf nicht bekommen.« Heike murrte wenig und lächelte viel, auch wenn sie tagelang nur kopieren musste. »Sie schreibt immer so nette kleine Bemerkungen an den Rand der Unterlagen«, erzählte Kai. Komisch, bei mir hatte sie das noch nicht getan. Als Kai dann mit Urteil »Superfrau« seine Eloge schloss, war mein Begehren geweckt. Der Wert steigt mit der Nachfrage. Außerdem: Wer Superfrauen fickt, ist Superman.

Heike war nur zwei Tage in der Woche für ein paar Stunden im Büro. Ich machte erst mal eine Vorrecherche und holte mir ihre Bewerbungsunterlagen. Bei Hobbys hatte sie ernsthaft »mit Freundinnen treffen« und »Shoppen« angegeben. In Düsseldorf hätte sie es so nicht auf diesen Posten geschafft, auch nicht im vorigen Jahrtausend. An Heike ging ich nach diesen Informationen mit einem beiläufigen Gespräch heran. Am besten ist sowieso, mit etwas Alltäglichem zu starten: Auf einer Party kann man sich über Musik unterhalten, in einem Büro banale Feststellungen über Kopierer und Topfpflanzen machen. Dann sollte man die Frau dazu bringen, etwas von sich zu erzählen. Ich selber spreche nur über Gewinnerthemen, Altersvorsorge und Politik scheiden aus. Oft übertreibe ich mit dem Dickauftragen und muss dann zügig Gefühl zeigen. Doch auch beim Sentimentalwerden rede ich immer nur von den Sorgen anderer, nie von den eigenen. Eine Frau nimmt lieber einen Schläger als einen Humpelnden. Ich erzählte Heike von einem Bekannten aus dem Fitnessstudio, der sich die Bänder gerissen habe und bei dem ich morgen einen Krankenbesuch machen müsse. Verführung ist charmantes Notlügen.

Die Basis des Erfolgs ist jedoch Selbstliebe. Attraktive Frauen wollen Gewinnertypen, Alphamännchen, Helden. Helden wiederum tun ab und zu unvernünftige Dinge. In der Welt ostdeutscher Büros ist das Öffnen einer Sektflasche um 15 Uhr schon eine waghalsige Tat. Ich hatte im Bürokühlschrank »noch welchen von der Einstandsfeier übrig«, erzählte ich Heike. Tatsächlich hatte ich die Flasche mit einer anderen Frau angebrochen, zum Austrinken ist es nicht mehr gekommen. Die Frauen in Frankfurt an der Oder lagen mir zu Füßen. Kein Wunder, meine berufliche Zukunft war vielversprechend. Mein Körper sowieso. Drei Mal die Woche ging ich pumpen, aß dazu Unmengen an Pute und Huhn.

An der polnischen Grenze gab es für mich kaum Konkurrenz. Wer in Frankfurt an der Oder ähnlich gut gebaut war wie ich, verstand die *Tagesschau* nicht. Wer mir wiederum intellektuell das Wasser reichen konnte, dem sah man an, dass er sich mehr für Bibliotheken als Discotheken interessierte. Attraktive Frauen hatten wenig Auswahl. Wäre ich eine Frankfurter Friseurin gewesen, hätte ich auch Bock auf jemanden wie mich gehabt. Wobei die Frau, für die ich die Sektflasche geöffnet hatte, beim Zoll tätig war.

Als es dann mit Heike im Büro später wurde, schlug ich vor, noch auf einen Feierabendwein in eine Kneipe zu gehen. Ich suchte das vollste Lokal der Stadt. Eine Kneipe sollte immer ausreichend gefüllt sein, die anderen Gäste kann man brauchen. »Hast du gesehen, wie dich die Typen dahinten anstarren?«, raunte ich Heike ins Ohr. »Du siehst eben ungewöhnlich gut aus.« Lächeln, hinsetzen, Weinkarte: »Welchen nimmst du?« Wer unter Hobbys

»Freunde treffen« und »Shoppen« angibt, kennt sich mit Wein nicht aus. »Hmm, den gleichen wie du«, antwortete sie einigermaßen schlagfertig. Ich fand's witzig. Noch witziger fand ich, dass ich zwei Martini bestellte.

»Was verschlägt dich in eine Stadt wie Frankfurt?«, fragte ich total interessiert. »Dich stellt man sich eher in Berlin vor.« Heike konnte mit dieser Schmeichelei wenig anfangen: Metropolen waren ihr zu unübersichtlich, zu dreckig, zu hektisch. Ihr reichte die Schnäppchenjagd in märkischen Malls. Ich ging deshalb unmittelbar zum Triangelblick über. Dabei schaue ich einer Frau zuerst in eine Auge, dann auf die Lippen, dann ins andere Auge. Und zwar so, dass sie es merkt. Wenn ich den Triangelblick mache, bitten mich Frauen aus Düsseldorf zu sich nach Hause, für eine Nacht, vielleicht zwei. Heike begann am nächsten Morgen fast schon mit der gemeinsamen Urlaubsplanung. Manchmal bekommt man eben zu viel.

32. GESCHICHTE

Londoner Lehren

*Ludwig (29), Radiojournalist, Stuttgart,
über
Kate (42), Bankerin, London*

London ist groß, London ist laut, London ist zügig, vor allem aber ist London anonym. In der britischen Hauptstadt leben nicht nur zehn Millionen Menschen. In London gehen die meisten Menschen höflich, aber geschäftig aneinander vorbei. Mehr noch als, sagen wir, in Wien oder Kopenhagen. Auf den Bahnsteigen der Tube, Londons berühmter U-Bahn, warten schweigend Hunderttausende Pendler, bis die anrollenden Züge sie einsaugen. Dicht gedrängt sitzen und stehen die Londoner dann regungslos, bis sie ein paar Stationen weiter wieder ausgespuckt werden. Kaum jemand hat Zeit. Eine Wochenarbeitszeit von 40 Stunden ist absolutes Minimum, 50 üblich, 60 keine Seltenheit, in der Finanzbranche sogar 70.

Kate arbeitete 70 Stunden. Sie war Bankerin bei einem mittelgroßen Kreditinstitut in der Londoner City. Sie kam ursprünglich aus einem Kuhdorf irgendwo in Mittelengland. Ich traf Kate leider nur für einen Abend, als ich vor zwei Jahren für einen Monat in London lebte. Ich war 27, hatte gerade im Stuttgarter Studio eines großen Senders angefangen, als mich die Redaktion zu Trainingszwecken ihrem erfahrenen Korrespondenten auf der Insel anvertraute. Vormittags sammelte ich O-Töne in der Stadt. Nachmittags vertonte ich dann in einem winzigen Korrespondentenbüro begeistert Beiträge aus *good old England*. In den Londoner Sozialsiedlungen tobten damals Bandenkriege und die Gewerkschaften machten gegen die Regierung mobil.

Eine spannende Zeit. Leider führten mich meine Recherchen nur in die Büros von Herren um die 50, hemdsärmlige Gewerkschafter, oder auf Parkplätze zu Jungen um die 16, hemdsärmlige Gangmitglieder. Und da ich nicht stundenlang allein in den Pubs der Stadt herumsitzen wollte, ehe sich vielleicht jemand Gleichaltriges zu mir gesellte, informierte ich mich im Internet über Möglichkeiten des sozialen Austausches. Mit »new in London« hatte ich schnell die geeigneten Suchbegriffe entdeckt. Über mehrere Plattformen konnte man im Dschungel der Großstadt nach Stammtischen fahnden, zu denen sich beruflich gestresste Neulondoner einfanden. Ich meldete mich bei einer Seite an und bekam per E-Mail einen Termin für einen Freitagabend in einem Pub.

Der Laden war voll, die Türsteher ließen die Gäste nur in kleinen Gruppen rein. Dabei war es erst 18 Uhr. England eben. Auf dem Tisch, an dem sich an diesem Abend die einsamen Seelen des Londoner Universums trafen, stand ein kleiner Wimpel mit dem Logo der Onlineplattform, über die das Treffen organisiert worden ist. Wer sich dorthin setzte, war für jeden anderen Gast sofort als Suchender erkennbar. Was soll's. Ich nahm neben zwei anderen einsamen Seelen Platz. Trotz minutenlanger Small Talks verstand ich kein Wort. Ihr Dialekt hörte sich einfach nicht nach Englisch an. Vielleicht Schotten, machte ich mir Mut. Die wollen sowieso einen eigenen Staat gründen. Schweigsam nickte ich ab und zu, hin und wieder gab ich ein höfliches »Really?« und »That's awesome« von mir.

Inzwischen war der »New in London«-Tisch voll. Alle sagten zur Begrüßung kurz ihren Namen, ein paar Leute erkannten sich wieder, sie saßen schon bei früheren Treffen dieser Art beisammen. Mich wunderte das. Hinzu kam, dass viele der eingetroffenen Gäste aus England selbst kamen, dazu ein paar Australier, fast alles Männer zwischen 30 und 50. Im Laufe des Abends stellte sich heraus, dass die meisten schon seit Jahren in London lebten und immer noch nicht ausreichend Leute kannten, mit denen sie sich ganz ohne Onlineverein zum Bier treffen konnten. Ungewöhnlich erschien ihnen das nicht. Im Gegenteil, sie wunderten sich vielmehr über mich. Erstaunt nahm man in der Runde zur Kenntnis, dass ich erst zwei Wochen in der Stadt war und mich wie selbstverständlich nach gleichaltrigen Sozialkontakten umschaute. Vielleicht warten Briten mit so etwas länger, quasi als masochistische Form britischen Understatements.

Mit meinen neuen Bekannten noch nicht so richtig warm geworden, verschwand ich aus taktischen Gründen auf der Toilette. In Ruhe nachdenken. Ein bisschen Selbstsicherheit kam in mir hoch, als ich in der Abgeschiedenheit des Klos realisierte: Die haben diese Treffen viel nötiger als ich. Ich ging zur Bar, um das Beste aus dem Abend zu machen, übersprang das Bier und bestellte gleich einen Long Island Iced Tea. Zehn Pfund, fast 15 Euro! London eben. Aber der Drink wirkte.

Das Treffen war ein Kuriositätenkabinett. Da war zum Beispiel Mike, etwa 40, schütteres, ungünstig gekämmtes Haar, graues Hemd. Mike sah aus wie Berthold Heisterkamp aus *Stromberg*, er arbeitete zu allem Überfluss tatsächlich bei einer Versicherung. Mike beantwortete mir dankbar alle Fragen zur Demografie Englands, damit kannte er sich aus. Er war froh, jemanden getroffen zu haben, der sich für seinen Job interessierte.

Dann kam Kate. Mein Blick blieb an ihr hängen und beendete mein Gespräch mit Mike über die Selbstmordrate unter Briten abrupt. Sie hatte ein symmetrisches Gesicht mit streng nach hinten gekämmten roten Haaren, ein geschmackvolles Bürokostüm mit blütenweißer Bluse und ein schönes Dekolleté. Ihre Fingernägel waren etwas länger, aber sehr gepflegt. Unsere Blicke kreuzten sich, ihre Augen waren grün – und wirkten streng wie ihre Frisur.

Eine richtige Frau. Monica Bellucci in Britisch, dachte ich ehrfürchtig. Ich kann mich nicht erinnern, was ich getan habe, um unauffällig näher an sie heranzurutschen. Unklar auch, wie ich den inzwischen mitteilungsbedürftigen Versicherungsmathematiker Mike losgeworden bin. Wahrscheinlich sagte ich wegen meiner plötzlichen Interessenverlagerung kurz und hart: »Have a good night!«

Zehn Minuten später saßen die attraktive Dame mit der strengen Frisur und ich mit meinem Long Island Iced Tea nebeneinander. Kate kam aus einer Grafschaft im Herzen Englands, lebte aber schon fast zehn Jahre in einer kleinen Stadtrandwohnung. Ein größeres Apartment in der Innenstadt war trotz ihres Jobs nicht drin, London ist zu teuer. Kate war Bankerin, sie vergab Kredite. Alles bis zu einer halben Million Pfund.

Eine gut aussehende, erfolgreiche Bankerin also. Und das vor der Weltwirtschaftskrise in Europas wichtigster Finanzmetropole. Ich muss ihr sichtbar fasziniert in die Augen geschaut haben, denn Kate rückte selbstsicher näher, was wiederum mich – inzwischen deutlich angetrunken – ermutigte, noch mehr Interesse an ihr zu zeigen. Bestimmt habe sie viel zu tun, fragte ich, wie lange sie diesen herausfordernden Job denn schon mache? »Almost 20 years«, gab sie zurück. Zum Nachrechnen kam ich nicht, so aufgeregt war ich, als sich unsere Knie berührten. Schon bald fassten wir uns intensiver an, behielten die Hände aber unter dem Tisch. Und erst als wir aus Pietätsgründen vor die Tür gingen, wo wir uns vorsichtig küssten, wurde mir klar, dass sie bei knapp 20-jähriger Berufserfahrung schon Ende 30 sein müsste. Als hätte Kate meine Gedanken gelesen, fragte sie verdächtigerweise nun nach meinem Alter: »How old are you?«

Ich war noch nicht betrunken genug, um nicht sofort den Ernst der Lage zu erkennen. Würde sich diese erfahrene Kreditanalystin mit einem zehn, zwölf Jahre jüngeren Mann einlassen, noch dazu einem jungen Reporter aus Stuttgart? Ich war hin und weg und fasse es mal so zusammen: Sie war der Traum aller Spätpubertierenden, streng, aber weiblich; reif, aber glatt; erfahren, aber neugierig; souverän, aber verständnisvoll. Und wie alle erfahrenen Frauen würde sie es drastisch mögen.

Das alles wollte ich nicht aufs Spiel setzen – und machte mich auf ihre Frage hin kurzerhand zwei Jahre älter. »I'm 29«, antwortete ich ihr. »Oh wow, you are not even 30«, kam es überrascht zurück. Eher skeptisch als freudig. Na immerhin, habe ich noch zwei Jahre dazugemogelt, dachte ich. Auch wenn man eine Frau nicht nach ihrem Alter fragen soll, ich tat es trotzdem. Kate war 40. Und Bankerin im Herzen der Finanzmetropole. Einen gewissen Stolz will ich nicht leugnen.

Und obwohl Kate mit Komplimenten zur Qualität meiner Küsse nicht geizte, muss sie wohl gedacht haben: Für mehr ist der Deutsche einfach zu jung. Vielleicht hat sie derlei Gedanken nie gehabt, vielleicht hatte sie wirklich keine Zeit, vielleicht ließ sich ihr Job nur schwer mit amourösen Abenteuern verbinden. Schließlich waren wir in London und sie war Bankerin. Noch dazu vor der Finanzkrise, also hoch motiviert. Vielleicht hätte ich ihr einfach noch mal sagen sollen, dass ich sie will.

Der Reihe nach: An diesem Abend fuhr Kate allein in ihre kleine Stadtrandwohnung zurück. Was mir blieb, war ein Bierdeckel mit ihrer Handynummer. Zwei Tage später rief ich an, die Nummer stimmte. Meine erste Sorge zerstreute sich. Auf der Webseite ihrer Bank hatte ich mir ihr Mitarbeiterfoto angeschaut. Sie sah auch nüchtern betrachtet sehr gut aus, fraulich und streng. Wir verabredeten uns für den Abend des nächsten Tages. Ich war aufgeregt. Was würde passieren? Um nicht enttäuscht zu werden, verbot ich mir Gedanken an den vermutlich grandiosen Sex. Noch lag ein vom Finanzwesen beherrschter Arbeitstag zwischen ihr und mir.

Um 17 Uhr bekam ich eine SMS: »Sorry, can't make it. Have to go to Durham tonight, work is a nightmare.« Dienstreise nach Durham? Wie sich herausstellte, eine unbekannte Stadt im Norden des Landes. Was wollte sie denn dort, bitte schön? Eine unter der Zinslast ihrer Bank leidende Bergbaumine verramschen? Kate war alles zuzutrauen, hatte sie doch gerade erst einen sensiblen Gastarbeiter aus Stuttgart sich selbst überlassen. Ich ahnte Schlimmes, denn ich kenne das so: Folgt einem Kuss innerhalb von drei Tagen kein Sex, findet er entweder gar nicht mehr statt, oder die beiden lieben sich und können warten.

In den kommenden Tagen blieb Kate in Durham, ich gab schnell auf, ein Wiedersehen in London herbeizutelefonieren. Man will ja nicht stören, wahrscheinlich arbeitete sie gerade an der Vorbereitung der globalen Bankenpleite, die wenige Monate danach die Welt in Atem halten sollte.

Als ich eine Woche später meinen Flieger nach Stuttgart bestieg, brummte mein Handy ein letztes Mal auf englischem Boden. Eine SMS von Kate. Was ich heute Abend vorhabe, sie würde kochen. Bei sich. Für mich. Ich weinte fast vor Ärger. Wieso jetzt, da ich schon im Flugzeug saß? Ich schrieb wütend zurück: »Heute Abend muss ich Wäsche waschen – in Stuttgart.« Wenig später erschien »Oh no!« auf meinem Display. Am Ende teilte mir Kate mit, dass sie sich freue, mich kennengelernt zu haben. Schönen Dank auch.

Zurück in Stuttgart suhlte ich mich in Trauer. Vermutlich hatte ich den Sex meines Lebens verpasst. Kate war sicher sehr erfahren, äußerst entschlossen und wahnsinnig versaut. Wut machte sich breit. Ich dachte für einen kurzen Moment ernsthaft daran, in Stuttgart einen vergleichbaren Stammtisch für Zuzügler zu besuchen. Dort würde ich mich rächen. Sicher wäre die dort anvisierte Dame nicht 13 Jahre jünger gewesen, aber vielleicht erstes Semester. Und sagen wir, sie käme aus England.

33. GESCHICHTE

Freigang

Paul (65), Glaser, Sauerland,
über
Gitta (64), Kinderpflegerin, Sauerland

Endlich war Wochenende, endlich Freigang. Es war wie im Knast da unten in der Eifel. Zwei Jahre musste ich hier ausharren, so lange dauerte damals der Wehrdienst. Ich war Soldat in einer Zeit, in der sich Menschen in meinem Alter eigentlich gegen die Generation der Kriegstreiber auflehnten. In Städten mit Universitäten tobten die Studenten. Im Namen des Friedens kämpften sie gegen die Staatsgewalt. Ich kämpfte mit feindlichen Soldaten aus Pappe, die bei mir nichts zu lachen hatten. Exakt 95 Prozent meiner Schüsse gingen in Herz oder Hirn. Ich nahm die Schießübungen sehr ernst, konnte ich doch so meinem Frust freien Lauf lassen. Denn der wurde immer größer, wenn ich durch den Schlamm in den Eifelwäldern robben, mich vom Oberst anschreien lassen oder Nachtwache schieben musste.

Am liebsten wäre ich getürmt. Aus Angst vor den Feldjägern blieb ich und hielt mich an die Regeln. Selbst als meine Flamme Rafaela darauf bestand, dass ich zu ihrem Geburtstag den Dienst sein lasse und mich für einen Abend nach Hause stehle, traute ich mich nicht. Auch nachdem sie mich einen Feigling nannte, blieb ich in der Kaserne – und Rafaela ging für immer. Seitdem herrschte sexueller Frust. Ich versuchte mir die Trennung schönzureden, denn Rafaela konnte sehr anstrengend sein. Ich hatte nur alle sechs Wochen für vier Tage frei. Und die sollte ich dann voll und ganz ihr widmen. Das war zu viel, schließlich brauchte ich Zeit für Gerd, meinen abenteuerlustigen Freund, mit dem ich als Sechsjähriger nach der Grundschule überfahrene Tiere von der Straße gesammelt hatte. Und dann war da noch meine Mutter, streng und prinzipienfest, die wollte, dass ich zwei Mahlzeiten pro Tag mit der Familie einnahm, wenn ich schon mal da war. Ja, so war das 1969 bei uns.

Wie gerne wäre ich in einer Universitätsstadt aufgewachsen. Dann hätte ich mich den Studenten angeschlossen und zusammen mit einem Pulk wütender Besserwisser mit der Polizei geprügelt. Nicht für den Weltfrieden – an den glaubte ich nicht –, sondern für meinen eigenen, inneren Frieden.

Bei den Straßenschlachten hätte ich mitgemacht, sexuelle Tabus zerschmettert, mich lautstark für die freie Liebe eingesetzt. Vor allem, weil sie dabei war: Uschi Obermeier. Für sie wäre ich sofort in die Kommune 1 gezogen. Wenn solche Frauen nach befreitem Sex schreien, lebt man doch gerne in einem Raum mit acht Langhaarigen. Man spült sogar das Geschirr einer kompaniegroßen Wohngemeinschaft, wenn Uschi neben einem abtrocknet – oben ohne versteht sich.

Ich bin in einer Kleinstadt im Sauerland aufgewachsen, das so konservativ ist wie die niederbayrische Provinz. Mir kam der Gedanke, den Wehrdienst zu verweigern, gar nicht in den Sinn – ganz zu schweigen von revolutionären Ideen, die Studenten dazu brachten, sich gegen ihre Väter aufzulehnen. Ich kannte niemanden, der studierte. Eine Universität habe ich das erste und einzige Mal betreten, als meine Tochter nach sieben Jahren geisteswissenschaftlichem Studium endlich ihr Magisterzeugnis bekam. Das Feingeistigste, was ich 1969 über Wochen zu hören bekam, war das nächtliche Seufzen meines Bettnachbarn bei einem selbst verursachten Samenerguss.

Ich fantasierte von Uschi, die sich mutig den Polizisten in den Weg stellte, als die Kommune 1 geräumt wurde. Uschi, die meinen Idolen, den Rolling Stones, beneidenswert nahe gekommen war. Zwar lag mir nichts ferner, als mit Keith Richards zusammen Heroin zu nehmen oder von Mick Jagger angefasst zu werden. Aber gerne hätte ich mich mit Uschi als Freundin in ihrem Dunstkreis aufgehalten. Die Stones waren für mich die weite Welt, ihre Musik das pure Leben.

Das pure Leben sollte mich an diesem Wochenende wiederhaben. Bei einem Bier und einer Schachtel Marlboro – ja, so war das 1969 wirklich – würde mir mein Kumpel Gerd von seinen Frauengeschichten erzählen.

Er hatte es gut: Weil er Asthmatiker war, haben sie ihn bei der Bundeswehr abgelehnt. Er machte eine Ausbildung zum Einzelhandelskaufmann. Nach den acht üblichen Stunden Arbeit vergnügte er sich mit einem der Mädchen, die sich sein Chef sicher nicht ganz zufällig in das Unternehmen holte: die Buchhalterin, das Lehrmädchen, die Sekretärin, die Putzfrau. Der Boss stellte immer sehr junge Frauen ein. Die brauchte man nicht so gut zu bezahlen und wenn sie schließlich schwanger waren, konnte das nächste Mädchen kommen.

Ich hingegen hatte nicht viel zu erzählen. Rafaela war weg. Sie hatte mir jedes Mal eine Szene gemacht, wenn ich mit Gerd in die einzige Disco der Gegend wollte, wo wir die Stones in voller Lautstärke auf die Ohren bekamen und den Mädchen beim Tanzen zusahen. Rafaela hatte eine Disco noch nie von innen gesehen, ihr Vater ließ sie dort nicht hin. Dass sie damals schon 20 war, spielte keine Rolle. »Gib es doch zu! Du würdest am liebsten eines dieser leichten Mädchen aus der Disco nehmen«, heulte sie jedes Mal, wenn ich mich mit Gerd traf. Rafaela wollte unter die Haube. Sie schien zu spüren, dass ich mir ein Leben mit ihrem Gezeter nicht vorstellen konnte. Anlass für den Laufpass, den sie mir gab, war dann der Offiziersbefehl an ihrem Geburtstag.

Ich brauchte Ablenkung, ich wollte die Frauen finden, mit denen die Unruhestifter in den Universitätsstädten ausgingen. Gerd und ich verabredeten uns für die Disco. Um 20 Uhr, nach dem Abendessen mit meinen Eltern, kam er zu uns. Wir hörten uns in meinem Zimmer die neue Stones-Platte an. Gerd hatte sie gekauft, obwohl er gar keinen Plattenspieler hatte. Deswegen trafen wir uns bei mir, sehr zum Ärger meiner Mutter, für die das alles »Hauruck-Musik« war.

Uns brachten die vier Jungs richtig in Stimmung. Wir zogen zur Disco, rauchten eine nach der anderen, träumten davon, Rockstars zu sein. Unzählige Mädchen würden uns zu Füßen liegen, mit wippenden Brüsten und leicht verrutschten Miniröcken nach uns kreischen. Gerd und ich spürten, dieser milde Frühlingsabend würde etwas Besonderes werden.

In der Disco war es schon voll. Die Doors dröhnten aus den Boxen. Wir bestellten Pils und beobachteten die Mädchen. Dunkel geschminkte Augen, lange Beine, hohe Schuhe. Acht lange Wochen ist es her gewesen, dass mir eine Frau gegenüberstand. Die Bundeswehrkrankenschwester mit der Kinnwarze ausgenommen. Als der DJ das neue Lied der Stones auflegte, war Gerd verschwunden. Ich schob mich durch die Massen, presste mich an schwitzenden Körpern vorbei, bis ich ihn wiederfand. »Ich hab gerade mit einer Blondine getanzt«, berichtete er sichtlich stolz. Ich folgte seinem Fingerzeig und fühlte mich augenblicklich ganz schwach.

Da tanzte ein dünnes Mädchen vor sich hin. Sie trug einen Minirock, der den Blick auf ihre zarten Beine fast vollständig freigab. Haut wie aus Porzellan, auch wenn sich das nach einfallslosem Klischee einhört. Ihr roter Rollkragenpulli gab schmale Handgelenke frei und ließ einen schönen Busen erahnen. Als die Stones ihren Refrain anstimmten, bewegte das Mädchen den Kopf im Takt und ihre langen Haare hoben sich leicht von ihren Schultern, um ebenso leicht wieder hinabzufallen. Ich war hypnotisiert. Sie trug eine Hornbrille, sie sah verletzlich aus.

Sie war keine Uschi Obermeier, aber sie war das vollkommenste Geschöpf, das ich je gesehen hatte. Wie in Trance ging ich auf sie zu. »Wollen wir tanzen?«, kam es automatisch aus mir heraus. Wir tanzten. Ich starrte sie an, kam aus dem Takt, fing mich wieder und starrte weiter. Sie bewegte sich anmutig. Als sich das Lied dem Ende neigte, sagte sie: »Ich heiße übrigens Gitta. Und du?« Ich stellte mich vor. Eigentlich der Moment, in dem ich ein Gespräch hätte erzeugen, etwas Originelles sagen müssen. Sie blickte mich erwartungsvoll an. Ich war wie paralysiert.

»Willst du mich heiraten?«, wäre wohl zu aufdringlich gewesen. Stattdessen fragte ich: »Magst du einen Sprudel?« Die Worte lagen mir genau so auf der Zunge. Instinktiv wusste ich wahrscheinlich, dass eine Frau wie sie keinen Alkohol trinkt. Aber Sprudel? Hätte ich ihr nicht wenigstens eine Cola anbieten können?, schoss es mir Sekunden später durch den Kopf. Ich schaute ihr in die Augen. »Gerne«, sagte sie. Zum Sprudel. Ich bin noch nie so schnell zur Theke gerannt.

Ohne ihn zu bemerken, stürzte ich an Gerd vorbei. Er zog mich am Arm zurück: »Was ist denn los?« Keine Zeit. »Lass mich los, ich muss einen Sprudel kaufen!« Gerd starrte mich an. »Ist dir schlecht?« Mensch, Gerd, keine Zeit: »Gitta will was trinken!« Ich zeigte in ihre Richtung. »Wer von denen ist Gitta?« Ich riss mich von Gerd los, rief noch: »Behalt sie im Auge!« und kämpfte mich durch die Schlange an der Theke. Ich holte einen Sprudel, eilte zu Gitta zurück und hielt ihr das Glas hin, als sei es ein Staffelstab bei der Olympiade. »Danke.« Gitta lächelte wieder, ich starrte. Sie trank, ich starrte. Sie setzte das Glas ab, ich starrte immer noch.

Was sollte ich als Nächstes tun? Zum Glück kam Gerd, der mit Small Talk ausreichend Erfahrung hatte. Damals sagte noch niemand Small Talk, damals war das eine seichte Unterhaltung. Auch wenn es mich wurmte, dass Gerd das Wort an sie richtete, war ich ihm dankbar. Ich wurde lockerer. Sie machte eine Ausbildung zur

Kinderpflegerin und musste jetzt gehen. Es war Mitternacht und ihr Vater erlaubte ihr nicht, länger wegzubleiben. »Soll ich dich nach Hause bringen?«, fragte ich. »Danke, ich bin selbst mit dem Auto da.« Ich bestand darauf, sie zum Wagen zu bringen.

Als wir hinausgingen, grinste mich Gerd an und machte hinter ihrem Rücken eine obszöne Geste, die mit seiner Zunge, seiner Wange und einer Faust neben dem Mund zu tun hatte. Dafür würde ich ihm später eine runterhauen.

Auf dem Parkplatz herrschte Stille. Es war immer noch angenehm warm. Angenehm, aber ungünstig. Wäre es kühler gewesen, hätte ich ihr wärmend einen Arm um die Schulter legen können. Wie sollte es jetzt weitergehen? Noch nie fand ich eine Frau so schön, eine Frauenstimme so bezaubernd, einen Frauenblick so betörend. Das war Liebe auf den ersten Blick. Aber das konnte ich ihr doch nicht sagen, oder? So etwas machte man nicht mal vor 40 Jahren. Drei Tage hatte ich noch Freigang, dann musste ich wieder für sechs lange Wochen in die Kaserne, in den Schlamm, zu den schreienden Offizieren.

Schluss jetzt! Ich durfte nicht an die Eifel denken – ich musste auf diesem Parkplatz handeln. »Sollen wir morgen spazieren gehen?«, fragte ich. Wieder blickte sie mit ihren großen Augen zu mir hoch, ließ meinen Blick nicht los, schien mich zu prüfen. Es war ein unendlich langer Moment. Lehnte sie einen Spaziergang ab, würde meine Welt zusammenbrechen. Es wäre eine Scheidung, denn in Gedanken hatte ich sie schon geheiratet. Ihre Lippen sahen so weich aus, ich verspürte den Drang, sie zu küssen. War das zu früh? Bloß keine Fehler machen. Ich war wie in Trance. Oh nein, sie hatte etwas gesagt und die Mühlen meiner Gedanken mahlten so laut, dass ich sie nicht verstanden hatte. »Äh, was hast du gesagt?«, fragte ich. »Ja, habe ich gesagt.«

Als ich 30 Jahre später das erste und einzige Mal in einer Universität war, saß Gitta neben mir. Es war auch ihr erstes Mal in einer Hochschule. Wir waren neugierig auf diesen Ort, an dem sich unsere Tochter sieben Jahre herumgetrieben hatte. Als sie ihr Abschlusszeugnis überreicht bekam, sahen Gitta und ich uns in die Augen. Es war noch der gleiche Blick wie neben ihrem Käfer auf dem Parkplatz im Frühjahr 1969. Nur ihre Hornbrille war einem randlosen Metallgestell gewichen. Nach der Abschlussfeier gingen wir nach Hause. Gitta holte sich einen Sprudel. In unserem Wohnzimmer legte ich die Stones auf.

Bitte beachten Sie auch die Hinweise auf den folgenden Seiten.

SCHWARZKOPF & SCHWARZKOPF

AUF MÄNNERFANG

33 VERRÜCKTE, HALSBRECHERISCHE UND AMBITIONIERTE VERSUCHE, DEN MANN FÜRS LEBEN ZU FINDEN – EIN SELBSTVERSUCH

AUF MÄNNERFANG
33 VERRÜCKTE, HALSBRECHERISCHE UND AMBITIONIERTE
VERSUCHE, DEN MANN FÜRS LEBEN ZU FINDEN
Von Christiane Hagn
296 Seiten, Taschenbuch
ISBN 978-3-86265-015-6 | Preis 9,95 €

Alle Frauen träumen von ihm: dem Mann fürs Leben! Doch angesichts der verzweifelten Suche vieler Singles könnte frau sich manchmal ernsthaft fragen, ob es sich bei ihm nur um einen Mythos handelt ...

Oder versteckt er sich nur unheimlich gut? Wie stellt man es also an, den richtigen Partner zu finden? Und warum ist das so schwer? Christiane Hagn geht in »Auf Männerfang« *diesen Fragen in 33 Selbstversuchen auf den Grund und erzählt auf amüsante, bewegende und entwaffnend ehrliche Weise von ihren Erfahrungen auf dem Singlemarkt und von ihrer unkonventionellen und doch romantischen Suche nach dem Richtigen.*

33 wahre Geschichten über die Suche nach Mr Right, romantisch, unterhaltsam und voller Witz.

WWW.SCHWARZKOPF-SCHWARZKOPF.DE

SCHWARZKOPF & SCHWARZKOPF

GROSS.STADT.FIEBER

33 GESCHICHTEN VOM AUSWANDERN IN DIE HAUPTSTADT – NEUBERLINER AUS GANZ DEUTSCHLAND ERZÄHLEN

GROSS.STADT.FIEBER
33 GESCHICHTEN VOM AUSWANDERN IN DIE HAUPTSTADT
NEUBERLINER AUS GANZ DEUTSCHLAND ERZÄHLEN
Von Juleska Vonhagen
392 Seiten, Taschenbuch
ISBN 978-3-89602-587-6 | Preis 9,95 €

Die Großstadt Berlin – für viele junge Menschen ist sie das gelobte Land. Sie hoffen, dort ein aufregendes Leben, interessante Bekanntschaften und die Erfüllung all ihrer Träume zu finden.

Aber was passiert mit diesen Großstadthungrigen, die nach Berlin pilgern? Wie sieht ihr Alltag in dieser sagenumwobenen Stadt wirklich aus?

Die Neuberlinerin Juleska Vonhagen hat nach unzähligen »Berlin-Gesprächen« mit Freunden und Bekannten 33 Alltagsberichte aufgeschrieben.

Mal heiter, mal zynisch, mal schräg, mal wehmütig, mal komisch – in 33 Episoden erlebt man in »Groß.Stadt.Fieber« hautnah das vielfältige Chaos der Auswanderung nach Berlin.

WWW.SCHWARZKOPF-SCHWARZKOPF.DE

SCHWARZKOPF & SCHWARZKOPF

TOY BOY

33 FRECHE, MITREISSENDE UND WAHRE GESCHICHTEN ÜBER GESTANDENE FRAUEN UND FLOTTE JUNGS, DIE NICHT NUR ZUM SPIELEN TAUGEN

TOY BOY
33 GESCHICHTEN ÜBER GRANDIOSEN SEX, HEISSE AFFÄREN UND UNGEWÖHN-
LICHE BEZIEHUNGEN ZWISCHEN FRAUEN UND IHREN JÜNGEREN MÄNNERN
Von Bettina Conci
ca. 240 Seiten, Taschenbuch
ISBN 978-3-89602-592-0 | Preis 9,95 €

Madonna tut es immer wieder und auch Demi Moore, Tina Turner oder deutsche Stars wie Nena und Simone Thomalla stehen dazu: Sie lieben einen jüngeren Mann.

Einiges scheint für die Kombination jüngerer Mann / ältere Frau zu sprechen, nicht nur in Promikreisen. Bettina Conci hat für Toy Boy 33 wahre Geschichten über die Beziehung zwischen selbstbewussten, lebenserfahrenen Frauen und aufgeschlossenen jüngeren Männern gesammelt.

Die mitreißenden und amüsanten Geschichten zeigen, dass diese Beziehungen sehr gut funktionieren können – vorausgesetzt, sie scheitern nicht am Umfeld, an falschen Erwartungen, oder an einer Überdosis Botox. Aber zum Glück ist da ja auch noch die Liebe, die kein Alter kennt ...

WWW.SCHWARZKOPF-SCHWARZKOPF.DE

SCHWARZKOPF & SCHWARZKOPF

ABGEBLITZT

33 MUTIGE MÄNNER BERICHTEN VON IHREN SCHMACHVOLLSTEN NIEDERLAGEN –
EIN BUCH FÜR SCHADENFROHE FRAUEN UND MITFÜHLENDE MÄNNER

ABGEBLITZT
33 MÄNNER BERICHTEN VON HERZZERREISSENDEN
ABFUHREN UND UNERWIDERTEN GEFÜHLEN
Von Sebastian Leber
240 Seiten, Taschenbuch
ISBN 978-3-89602-957-7 | Preis 9,90 €

Männer reden gern und ausführlich über ihre Erfolge. Leider kann das ziemlich langweilig sein. Richtig spannend werden Männer erst, wenn sie zu ihren Misserfolgen stehen. Dazu gehören Mut und eine erfreuliche Portion Selbstironie. Und das macht sexy.

Sebastian Leber hat 33 Männer gefunden, die ohne Beschönigung von ihren Niederlagen bei Frauen erzählen. Wie sie sich blamiert haben, wie ihnen das Herz gebrochen wurde und wie blöd sie sich angestellt haben. Herausgekommen ist ein Buch, das vor allem Frauen zum Lachen bringen wird.

Der Blick in die Köpfe der Männer ist erhellend und erstaunlich. Manche will man in den Arm nehmen und trösten, bei anderen freut man sich und denkt: Junge, das wird nicht dein letzter Korb gewesen sein.

WWW.SCHWARZKOPF-SCHWARZKOPF.DE

SCHWARZKOPF & SCHWARZKOPF

BESTER SEX 3

33 FRAUEN ERZÄHLEN IHRE AUFREGENDSTEN,
UNANSTÄNDIGSTEN & ROMANTISCHSTEN ABENTEUER

BESTER SEX 3
33 FRAUEN ERZÄHLEN IHRE AUFREGENDSTEN,
UNANSTÄNDIGSTEN & ROMANTISCHSTEN ABENTEUER
Von dem Autorinnen-Allstar-Team
ca. 350 Seiten, Taschenbuch
ISBN 978-3-89602-572-2 | Preis 9,95 €

Auch im dritten Teil des SPIEGEL-Bestsellers »Bester Sex« werden wieder 33 wahre Geschichten über den tollsten Sex preisgegeben.

Das Autorinnen-Allstar-Team hat erneut unter Bettdecken, auf Küchentischen, in Badewannen, vor Kaminen, in Treppenhäusern und natürlich in freier Wildbahn nach den erinnerungswürdigsten erotischen Erfahrungen von Frauen gesucht. Die gesammelten Geschichten beweisen zum dritten Mal, wie aufregend unterschiedlich der beste Sex sein kann. Ob wild und hemmungslos oder zärtlich und verspielt – jede Frau hat ihre eigene Definition von fantastischem Sex.

Spannend, überraschend und so unanständig wie möglich: ein Thema, von dem niemand genug bekommen kann!

WWW.SCHWARZKOPF-SCHWARZKOPF.DE

SCHWARZKOPF & SCHWARZKOPF

SEITENSPRÜNGE 2

33 MÄNNER ERZÄHLEN VON AUFREGENDEN AFFÄREN, GEFÄHRLICHEN LIEBSCHAFTEN UND HAARSTRÄUBENDEN ESKAPADEN

SEITENSPRÜNGE 2
33 MÄNNER ERZÄHLEN VON AUFREGENDEN AFFÄREN,
GEFÄHRLICHEN LIEBSCHAFTEN UND HAARSTRÄUBENDEN ESKAPADEN
Von Mia Ming
ca. 250 Seiten, Taschenbuch
ISBN 978-3-89602-999-7 | Preis 9,95 €

Frauen gehen fremd, Männer erst recht. In erfolgreichen Popsongs und in angeregten Frauengesprächen werden Letztere deshalb sogar als Schweine bezeichnet. Doch warum neigen sie zu Seitensprüngen – oder wird ihnen mit solchen Behauptungen unrecht getan?

Bestsellerautorin Mia Ming hat 33 untreue Männer nach ihren Seitensprungmotiven und -erfahrungen gefragt. Ihre detaillierten Berichte bringen Licht ins Dunkel der männlichen Triebe. Humorvoll und unverfälscht erzählt Mia Ming von unwiderstehlichen Angeboten, folgenreichen Ausrutschern und minutiös geplanten Sex-Dates. So gnadenlos ehrlich erlebt man Männer selten!

Die Fortsetzung zu »Seitensprünge« und das fünfte Buch der Bestsellerautorin.

WWW.SCHWARZKOPF-SCHWARZKOPF.DE

DER AUTOR

Hannes Heine wurde 1980 geboren und ist in Berlin, Brandenburg und Moskau aufgewachsen. Er studierte Sozialwissenschaften in Berlin und Toronto und arbeitet als Journalist für den *Tagesspiegel*.

Hannes Heine
ABGESCHLEPPT
*33 Männer erzählen von charmanten Aufrissen,
spektakulären Eroberungen und meisterhaften Verführungen*

ISBN 978-3-89602-983-6
© Schwarzkopf & Schwarzkopf Verlag GmbH, Berlin 2011
Alle Rechte vorbehalten. Dieses Werk ist urheberrechtlich geschützt.
Jede Verwendung, die über den Rahmen des Zitatrechtes bei korrekter
und vollständiger Quellenangabe hinausgeht, ist honorarpflichtig und
bedarf der schriftlichen Genehmigung des Verlages.

KATALOG
Wir senden Ihnen gern kostenlos unseren Katalog.
Schwarzkopf & Schwarzkopf Verlag GmbH
Kastanienallee 32, 10435 Berlin
Telefon: 030 – 44 33 63 00
Fax: 030 – 44 33 63 044

INTERNET | E-MAIL
www.schwarzkopf-schwarzkopf.de
info@schwarzkopf-schwarzkopf.de